W0173698

ALEXANDRA BEHRENDT • AQUARIEN-FIBEL FÜR KIDS

Alexandra Behrendt

Aquarien-Fibel
für Kids

4. überarbeitete Auflage

Dähne Verlag

Unser besonderer Dank geht an die Söll GmbH für das langjährige Sponsoring dieses Buchprojekts.
www.soelltec.de

Comic-Zeichnungen von „Thoddy" Thorsten Hardel (www.39punkt.de).

Beispielaquarien gestaltet und fotografiert von Jurijs Jutjajevs. Ausführliche Schritt-für- Schritt-Anleitungen unter www.lernscapen.de/kidsfibel.
Alle nicht namentlich gekennzeichneten Fotos wurden von Jurijs Jutjajevs exklusiv für dieses Buch aufgenommen.

Für die großzügige Bereitstellung der Aquarientechnik und -tiere zur Einrichtung der Beispielaquarien dankt der Verlag folgenden Firmen:

www.eheim.com

www.dennerle.com

www.european-aquaristics.com

www.juwel-aquarium.de

www.tropica.com

www.aquarium-dietzenbach.de

www.aquadeco.com

www.aquariumcabinetsolutions.com

Bibliografische Information der Deutschen Bibliothek

Die Deutsche Bibliothek verzeichnet diese Publikation in der Deutschen Nationalbibliografie; detaillierte bibliografische Daten sind im Internet über http://dnb.dnb.de abrufbar.

ISBN 978-3-935175-55-5
© 2010 Dähne Verlag GmbH, Postfach 10 02 50, 76256 Ettlingen

4., überarbeitete Auflage, 2017

Druck: Grafisches Centrum Cuno GmbH & Co. KG
Printed in Germany

Inhalt

Einleitung

Du hast bestimmt schon einige Aquarien gesehen, große aber auch winzig kleine, und möchtest nun auch eines haben? Es soll natürlich super aussehen, perfekt funktionieren, die Tiere sollen sich wohlfühlen und lange und gut bei Dir leben. Wenn Du Dich an drei Regeln hältst und am Anfang etwas Geduld hast, ist es gar nicht schwer, ein Aquarium einzurichten und zu pflegen.

Regel ❷

Lass Dir Zeit und suche die Tiere passend zu Deinem Leitungswasser und der Größe Deines Aquariums aus.

Regel ❶

Das Aquarium muss, wenn es fertig eingerichtet ist, erst einmal vier Wochen (besser sechs Wochen) so stehen bleiben, bevor die ersten Tiere einziehen.

Regel ❸

Wechsle regelmäßig einen Teil des Wassers und füttere nicht zu viel.

In guten Zoogeschäften gibt es sogenannte Komplett-Sets zu kaufen. Diese Aquarien sind 60 oder 80 cm lang, man spricht deshalb auch von 60er- und 80er-Aquarien. Die gesamte Technik, die Du brauchst, ist hier schon vorhanden und sie sind die passenden Aquarien für Einsteiger.

Alles, was Du über die Einrichtung und die regelmäßige Pflege eines Aquariums wissen musst, findest Du in diesem Buch. Und natürlich stelle ich Dir eine Auswahl besonders schöner und pflegeleichter Tiere als zukünftige Bewohner Deines Aquariums vor. Wenn Du Dich an die vorgeschlagenen Schritte hältst, wirst Du lange Zeit Freude an einem schönen und spannenden Hobby haben.

Foto: C. Lukhaup

Und nun viel Spaß beim Lesen!

Deine

Natürlich würde ich mich freuen, wenn Du mir von Deinen Erfolgen berichtest. Auch wenn Du weitere Fragen hast oder Tipps brauchst, kannst Du mir gern eine E-Mail an **alex@daehne.de** schicken.

P.S. Ich danke allen, die mich bei diesem Buch tatkräftig unterstützt haben. Insbesondere der Firma Söll für das großzügige Sponsoring. Und natürlich Thoddy für die liebenswerte Schnecke, die Euch jetzt durch das Buch begleitet.

Einrichtung

Aquarium: Juwel Primo, 110 Liter

Technik: Innenfilter, LED-Beleuchtung, Heizer

Bodengrund: Kies

Einrichtung: Kokosnussschalen, Steine, Flussholz

Tiere: Kakaduzwergbuntbarsche, Pandapanzerwelse, Schwarze Neons (Haltung ähnlich wie Roter Neon, Seite 23), Blutsalmler, Amanogarnelen, Spike-Schnecken

Mein Tipp

- Setz nicht zu viele unterschiedliche Fischarten in ein Becken, zwei reichen.

- Fische brauchen Schwimmraum, deshalb nicht alles mit Dekoration vollstellen.

- Für die Tiere aus wärmeren Gegenden muss das Wasser beheizt werden.

Das Fischaquarium

Das Krebsaquarium

Foto: C. Lukhaup

Foto: C. Lukhaup

Einrichtung

Aquarium: Flexi Mini Set, 16 Liter

Technik: Rucksackfilter, LED-Beleuchtung

Bodengrund: Kies

Einrichtung: Seegebirge-Steine, Keramikröhren, Mangrovenwurzeln

Tiere: Red-Fire-Garnelen, Spike-Schnecken

Mein Tipp

- Zwerggarnelen mögen Moose und feinfiedrige Pflanzen im Aquarium.

- Laub und Holz (kein Mopaniholz!) gehören ins Aquarium.

- Fische, bei denen Garnelen ins Maul passen, solltest Du weglassen.

Das Garnelen-
aquarium

Das Schnecken-aquarium

Foto: A. Behrendt

Einrichtung

Aquarium: Eheim aquapro, 84 Liter

Technik: Innenfilter, Leuchtstoff-
röhren, Heizer und weiteres Zubehör

Bodengrund: Aquariensand

Einrichtung: Aquariumfelsen, Fluss-
wurzeln, Deko-Kies, Schiefersteine

Tiere: *Tylomelania*-Schnecken,
Spike-Schnecken, Red-Fire-Garnelen

Mein Tipp

- Bei der Dekoration darauf achten,
dass Schnecken sich nicht ein-
klemmen können.

- Eine gründliche Reinigung des
Aquariums ist meist unnötig,
denn Schnecken erledigen das
selbst.

Wasser ist das Wichtigste!

Vielleicht weißt Du schon, welche Tiere Dir am besten gefallen. Aber Vorsicht: Zuerst musst Du herausfinden, welche Tiere zu dem Wasser passen, das bei Dir aus der Leitung kommt. Da gibt es nämlich, je nach Region, große Unterschiede.

Kann Wasser hart sein?

Ist Wasser nicht gleich Wasser? Nein, das ist es nicht. Auch in der Natur oder beim Züchter leben die Tiere in unterschiedlich „hartem" oder „weichem" Wasser. Sie haben sich der Härte ihres Wassers gut angepasst. Eine gute Pflege ist also, wenn sie auch bei Dir das für sie passende Wasser vorfinden.

Im Zooladen bekommst Du Wassertests, mit deren Hilfe Du die Härte Deines Wassers herausfinden kannst. Dann weißt Du: Es ist weich, mittel oder hart. Natürlich gibt es auch Mittel, mit denen Du Dein Wasser verändern kannst, aber je weniger Du am Wasser künstlich veränderst, desto besser ist es für die Tiere.

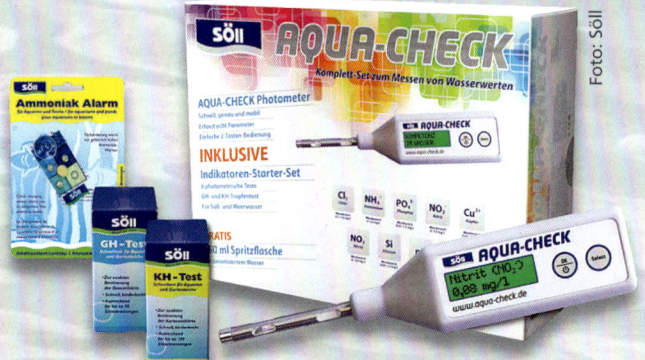

Foto: Söll

Wasserhärte

Gemessen in Grad deutsche Härte (°dH)

weich	= weniger als 8,4 °dH
mittel	= 8,4 bis 14 °dH
hart	= mehr als 14 °dH

Gesamthärte

GH ist die Gesamthärte des Wassers. Sie wird durch verschiedene Salze (unter anderen Kalzium- und Magnesiumsalze) bestimmt. Bei einem hohen Anteil dieser Salze bezeichnet man das Wasser als hart, bei einem niedrigen Gehalt als weich. Die meisten hier gezeigten Fische lassen sich bei einem Wert zwischen 6 und 16 °dH sehr gut halten.

Karbonathärte

Im Wasser gib es noch andere Salzbestandteile, wie das Bikarbonat. Dieses Salz macht den KH-Wert aus.

Liegt Dein KH zwischen 3 und 10 °dH ist das gut. Liegt er unter 3, dann musst Du regelmäßig Deine Wasserwerte messen und eventuell häufiger einen Wasserwechsel vornehmen. Denn das Bikarbonat wirkt wie ein Puffer. Ist es ausreichend vorhanden, dann bleibt auch der pH-Wert stabil. Ist es aufgebraucht, kann es zum „Säuresturz" kommen. Das heißt, das Wasser wird so „sauer", dass Deine Tiere sterben.

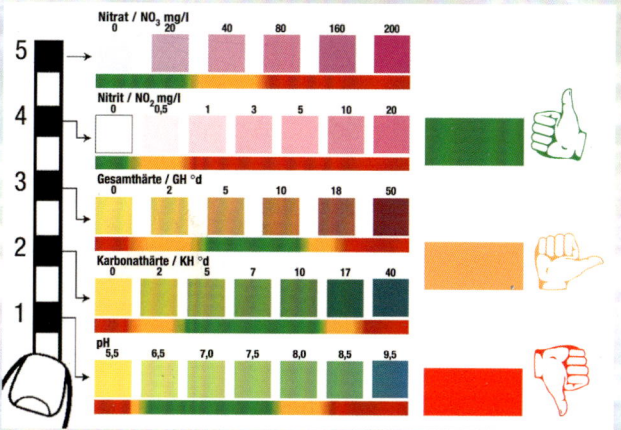

pH-Wert

Der pH-Wert sagt Dir, ob Dein Wasser „sauer" oder „basisch" ist. Je mehr Säuren in Deinem Wasser sind, desto niedriger ist der pH-Wert. Je mehr Basen vorhanden sind, desto höher ist der pH-Wert.

Liegt Dein pH-Wert zwischen 7 und 8,5, dann brauchst Du Dir keine Gedanken zu machen. Ist Dein Wasser aber sehr weich und liegt der pH-Wert deshalb weit unter 7, dann musst Du regelmäßig nachmessen. Denn zu saures Wasser ist für die meisten hier vorgestellten Tiere ungesund.

Sinkt der pH-Wert sehr schnell und auch Dein KH-Wert nimmt rasch ab, dann kann es zu einem „Säuresturz" kommen. Ein rascher Wasserwechsel und die regelmäßige Kontrolle des Wassers (Tröpfchentest einmal pro Woche) können das verhindern.

Eine Tabelle, die deutlich macht, bei welchem pH-Wert das Wasser sauer oder basisch ist, findest Du auf der nächsten Seite.

Hintergrundfoto: jingoba, Pixabay

tödlich	← zunehmend lebensfeindlich	optimal	zunehmend → lebensfeindlich	tödlich
← zunehmend sauer ←		neutral	→ zunehmend alkalisch (basisch) →	
1 2 3 4 5 6		7	8 9 10 11 12 13 14	

pH-Wert-Tabelle

Nitrit

Der Nitrit-Wert ist am Anfang wichtig. Nitrit entsteht aus Ammonium und Ammoniak, das sich beim Zersetzen von Futterresten und durch die Ausscheidungen der Tiere im Wasser sammelt. Dieses Nitrit ist für Aquarientiere sehr giftig! Wenn Dein Aquarium aber gut läuft und sich ausreichend Bakterien im Filter befinden, dann wird das giftige Ammoniak/Ammonium in Nitrit und dann in Nitrat umgewandelt.

Nitrat

Die Nitrobacter-Bakterien in Deinem Aquarium verwandeln das giftige Nitrit in Nitrat. Dieses Nitrat ist für Deine Pflanzen sehr wichtig und wird für das Wachstum benötigt. Wenn zu viel Nitrat im Wasser ist, dann freuen sich aber auch die Algen im Aquarium und nehmen vielleicht überhand.

Wassertemperatur

Auf den folgenden Seiten kannst Du nachlesen, welche Tiere zu Deinem Wasser passen. Viele Aquarientiere kommen aus den warmen Regionen unserer Erde. Also muss auch die Wassertemperatur im Aquarium zwischen 22 und 28 Grad Celsius liegen. Um das Wasser auf die richtige Temperatur zu erwärmen, brauchst Du also eine spezielle Heizung (siehe Seite 71). Es gibt aber auch Tiere, denen das Wasser bei Zimmertemperatur (10 bis 26 Grad Celsius) ausreicht.

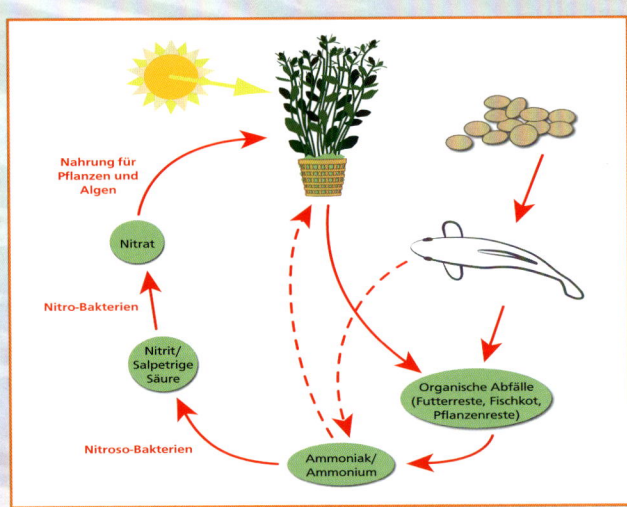

Der Stickstoff stammt aus den Futterresten und den Ausscheidungen unserer Fische sowie eventuell auch aus dem Leitungswasser. Der Abbau von Stickstoffverbindungen ist für die Funktion unseres Aquariums sehr wichtig und wird als „Stickstoffkreislauf" bezeichnet.

Tiere fürs Aquarium

Die Wassertiere, die ich Dir hier vorstelle und empfehle, sind alle für Anfänger gut geeignet. Sie lassen sich problemlos in einem 60er- oder 80er-Aquarium halten und pflegen. Für die Fische brauchst Du auf jeden Fall ein Aquarium dieser Größe. Bei den sogenannten „wirbellosen Tieren", wie Zwerggarnelen, Krebsen und Schnecken, kannst Du teilweise auch kleinere Becken verwenden. Du findest diese Tiere in fast jedem gut sortierten Zoofachgeschäft oder Aquaristikladen.

 Fische   **Zwerggarnelen**

 Krebse   **Schnecken**

In den Beschreibungen der verschiedenen Tiere und Pflanzen werden wichtige Angaben durch Symbole angezeigt. Hier ist die Erklärung dazu:

 Herkunft

In diesem Land oder in dieser Region der Welt kommt das Tier in der Natur vor. Tiere, die im Handel angeboten werden, sollten aber möglichst nicht aus diesen natürlichen Vorkommen stammen, sondern speziell für die Aquaristik nachgezogen und vermehrt worden sein.

Größe

Hier findest Du die Angabe, wie groß das Tier oder die Pflanze in ausgewachsenem Zustand durchschnittlich ist. Das Symbol ♀ steht für die Größe des Weibchens und ♂ für die des Männchens. Das Symbol ⚥ steht für zwittrig angelegte Tiere mit männlichen und weiblichen Geschlechtsorganen.

 Temperatur

Je nach Herkunftsland ist die Wassertemperatur für die Tiere sehr unterschiedlich. Dieses Symbol verweist auf die richtige Wassertemperatur im Aquarium in Grad Celsius.

 Wasserhärte

Manche Tiere kommen nur mit einem bestimmten Härtegrad des Wassers zurecht. Was „Härte" bedeutet wird auf Seite 16 erklärt.

  Standort

Hier wird angezeigt, in welchem Schwimmbereich des Aquariums sich das Tier am liebsten aufhält. Bei Pflanzen steht bei diesem Zeichen die Position, wo und wie gepflanzt werden sollte.

Die Malaiische Turmdeckelschnecke wird manchmal in den Wurzelballen von Aquarienpflanzen eingeschleppt und ist sehr nützlich.

Foto: A. Behrendt

 Aquariengröße

Wie groß muss Dein Aquarium für dieses Tier unbedingt sein? Die meisten vorgestellten Tiere sind für sogenannte 60er- oder 80er-Aquarien geeignet. Aquarien nur für Zwergkrebse, Zwerggarnelen oder Schnecken dürfen auch etwas kleiner sein.

 Fortpflanzungstyp

Vermehrt sich das Tier selbstständig im Aquarium, wenn Männchen und Weibchen vorhanden sind?

 Einzel- oder Gruppentier

Soll das Tier besser allein oder in Gesellschaft mit anderen Artgenossen gehalten werden? Oder als Pärchen ♀♂), ein Männchen mit mehreren Weibchen (♂♀♀ oder ♂♀♀♀)? Bei Tieren, die unbedingt in einer Gruppe leben müssen, steht auch die Mindestanzahl.

 Vergesellschaftung

Hier findest Du einen Hinweis, ob sich das Tier auch mit anderen Arten in einem Aquarium zusammen halten lässt. ☺ Friedliches Tier, kann man gut mit anderen zusammen halten, ☺ Lässt sich nicht mit allen zusammen halten, ☹ Benötigt immer sein eigenes Reich.

Schmetterlingsbuntbarsch
(siehe Seite 29)

Jetzt geht's los!
Fische ...

Foto: H. Hristov

Feuertetra

Hyphessobrycon amandae

Foto: © babczynski, Fotolia

Den deutschen Namen verdankt er seiner roten Färbung. Er ist ein Gruppenfisch, der bis zu fünf Jahre alt werden kann. In einem dicht bepflanzten Aquarium mit dunklem Bodengrund sieht er super aus. Die kräftige Bepflanzung benötigt er auch als Rückzugsmöglichkeit in einem Becken mit anderen Tieren. Da er recht klein ist, solltest Du das Flockenfutter zerreiben, damit es auch gut in sein Maul passt. Er ist friedlich und verträgt sich gut mit anderen Salmlern und Welsen. Die Weibchen sind meist etwas größer und von der Form her rundlicher als die Männchen.

Südamerika

♂ 1,8 cm, ♀ 2,4 cm

24–28 °C
(Warmwasser)

Weich

Mitte, oben

Ab 50 l

Nein

Gruppentier,
ab 8

Foto: H. Hristov

Roter Neon

Paracheirodon axelrodi

Der Rote Neon wird in der Natur ungefähr ein bis zwei Jahre alt. In einem gut gepflegten Aquarium kann er bis zu fünf Jahre alt werden. Die Fische werden als Wildfänge und Nachzuchten angeboten. Besser ist es Nachzuchten zu kaufen, da diese meist besser mit dem Leben im Aquarium zurechtkommen. Sie fressen Flockenfutter und zweimal in der Woche solltest Du ihnen Frostfutter (z.B. Mückenlarven) oder Lebendfutter anbieten.

Eine Vergesellschaftung mit Antennenwelsen ist kein Problem. Der Neon braucht Schwimmraum, also nicht alles zu dicht bepflanzen. Die Gruppe schwimmt nicht zusammen, sondern verteilt sich im Becken.

Paraguay, Argentinien

♂♀ 5 cm

22–28 °C (Warmwasser)

Weich bis mittelhart

Mitte

Ab 80 l

Nein

Gruppentier, ab 8

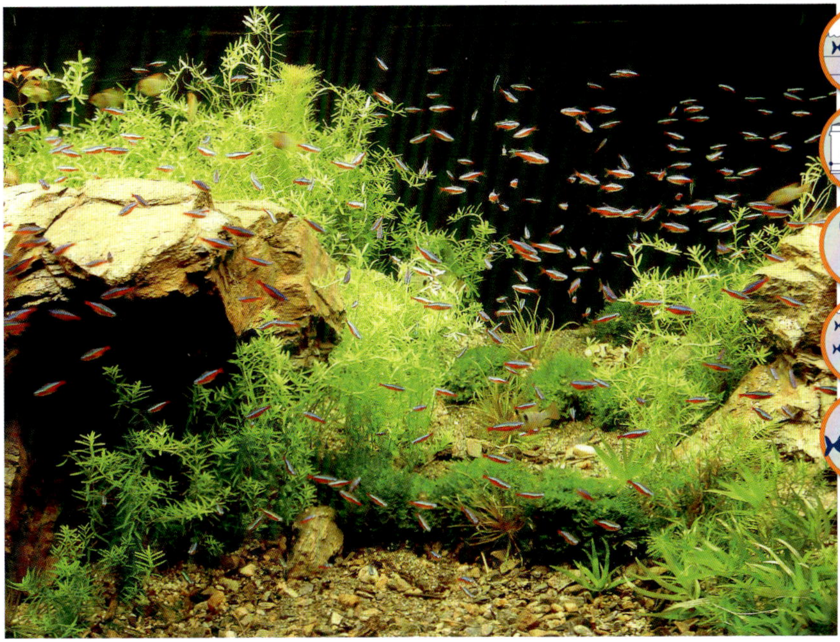

☺

Trauermantelsalmler
Gymnocorymbus ternetzi

Foto: H. Hieronimus

Sie schwimmen gerne umher und benötigen deshalb viel Platz. Mit zunehmendem Alter zeigen sie sich etwas ruppig untereinander. Es gibt unterschiedliche Zuchtformen, mit schönen Schleierflossen oder auch weiße Tiere. Die Trauermantelsalmler benötigen zwar Schwimmraum, aber auch hoch wachsende Pflanzen sind wichtig, damit sie sich dahinter verstecken können.

Sie fressen das angebotene Flockenfutter, aber Lebendfutter und Frostfutter mögen sie besonders gerne. Im Aquarium können sie mehr als sieben Jahre alt werden.

Paraguay, Argentinien

♂♀ 5 cm

24–28 °C
(Warmwasser)

Weich bis mittelhart

Mitte

Ab 80 l

Nein

Gruppentier, ab 8

Foto: B. Kahl

Roter von Rio

Hyphessobrycon flammeus

Foto: C. Lukhaup

Der Rote von Rio ist ein beliebter Aquarienfisch, deshalb gibt es ihn auch in unterschiedlichen Zuchtformen. Er sieht besonders attraktiv auf einem dunklen Bodengrund aus.

Er kann sogar ganz ohne Heizung auskommen. Größere Fische mag er nicht, lieber lebt er mit Welsen oder seinen eigenen Artgenossen zusammen. Da er es gerne etwas dunkler hat, mag er eine starke Bepflanzung oder Schwimmpflanzen. Zur Fütterung verwendest Du Flockenfutter oder auch Frostfutter und Lebendfutter.

In seiner Heimat Brasilien steht er auf der „Roten Liste" für gefährdete Arten. Deshalb darf er in der freien Natur nicht mehr gefangen werden und die Tiere, die Du im Handel findest, sind Nachzuchten.

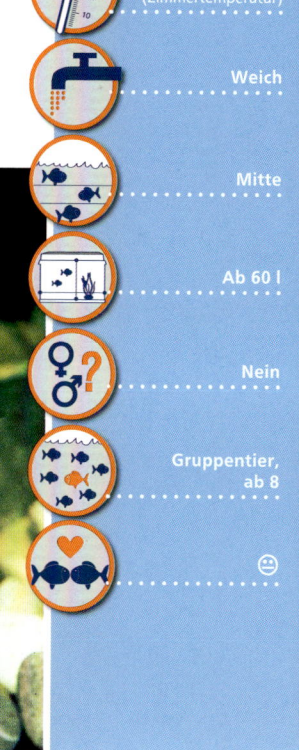

Brasilien

♂♀ 4 cm

16–22 °C
(Zimmertemperatur)

Weich

Mitte

Ab 60 l

Nein

Gruppentier, ab 8

Foto: B. Kahl

Gabelschwanz-Blauauge
Pseudomugil furcatus

Foto: F. Scheifinger

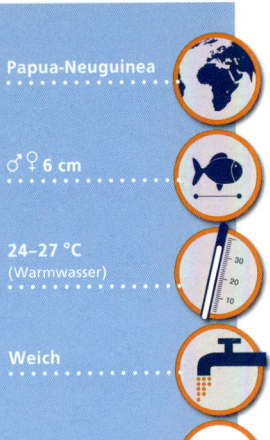

Papua-Neuguinea

♂♀ 6 cm

24–27 °C
(Warmwasser)

Weich

Mitte, oben

Ab 100 l

Ja

Gruppentier,
ab 8

Mit ihrer leicht transparenten gelben Körperfarbe und den kräftig gelb gefärbten Flossen schwirren sie wie Libellen durch das Aquarium. In einem 80er-Aquarium solltest Du nicht mehr als 15 bis 20 Tiere halten, da sie sehr schwimmfreudig sind und Platz brauchen. Besser für ihre Entwicklung ist es auch, sie nicht mit anderen Fischen zusammen zu halten, mit Ausnahme von Antennenwelsen oder Panzerwelsen. Bei Fütterung von Lebend- oder Frostfutter und erhöhter Temperatur wachsen die Chancen, dass die Weibchen ihre Eier an die Pflanzen heften, wo sie von den Männchen befruchtet werden. Nach etwa drei Wochen schlüpfen die Jungfische, spätestens danach müssen die anderen Fische in einem separaten Aquarium untergebracht werden. Die kleinen Fische fressen feinstes Staubfutter und *Artemia*. Sie werden bei guter Pflege ungefähr drei Jahre alt.

Foto: H. Hristov

Kardinälchen,
Kardinalfisch
Tanichthys albonubes

Kardinälchen sind gut geeignet für ein Aquarium ohne Heizung. Sie sind unempfindliche und gute Anfängerfische. Hältst Du sie ohne andere Fischarten, dann kann es sein, dass Du sogar Nachwuchs von ihnen bekommst. Eigene Jungtiere fressen sie nämlich nicht. Die Weibchen laichen an Pflanzen ab, die sich an der Wasseroberfläche befinden. Nach etwa zwei Tagen schlüpfen die Jungfische, die Du mit Staubfutter füttern kannst.

Kardinälchen sind flinke Schwimmer, die sich eher oben im Becken bewegen, aber bei der Nahrungssuche auch in den unteren Bereich vordringen. Für die Bepflanzung eignen sich Hornkraut und Wasserlinsen, damit die Jungtiere auch überleben können. Dadurch wird das Licht allerdings für andere Pflanzen geringer. Auf Holz und andere Dekoration kannst Du aber Javamoos aufbinden oder auch Moosbälle einsetzen, die nur wenig Licht benötigen.

	China
	♂♀ 3,5 cm
	10–24 °C (Zimmertemperatur)
	Mittelhart bis hart
	Mitte
	Ab 60 l
	Ja
	Gruppentier, ab 6
	☺

27

Zebrabärbling
Danio rerio

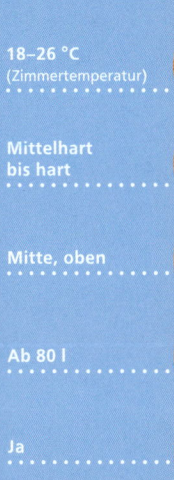

Indien

♂♀ 5 cm

18–26 °C
(Zimmertemperatur)

Mittelhart
bis hart

Mitte, oben

Ab 80 l

Ja

Gruppentier,
ab 6

Der Zebrabärbling ist ein quirliger Fisch, der ständig in Bewegung ist. Damit es ihm gut geht, musst Du für eine starke Strömung im Aquarium sorgen. Er liebt es, dagegen anzuschwimmen, denn in der Natur kommt er in schnellfließenden klaren Bächen vor. Willst Du ihn zusammen mit anderen Fischen in das Aquarium setzen, musst Du gut beobachten, ob die anderen Fische dies auch mögen und sich nicht durch seine aufgeregte Art gestört fühlen. Die Bepflanzung muss seinem großen Schwimmbedürfnis angepasst sein: viel freie Fläche, aber am Rand hohe Stängelpflanzen.

Am besten kommt er zur Geltung, wenn Du eine Gruppe davon ohne andere Arten hältst. Sie fressen Pflanzenfutter, Frostfutter und Trockenfutter.

Mein Tipp

Ein Aquarium im kühlen, unbeheizten Keller muss auch für Tiere, die eigentlich für Zimmertemperaturen geeignet sind, mit einem Stabheizer beheizt werden.

Fotos: C. Lukhaup

Schmetterlings-buntbarsch

Mikrogeophagus ramirezi

Schmetterlingsbuntbarsche solltest Du als Paar halten, sie benötigen Versteckmöglichkeiten und mögen eine üppige Bepflanzung. Das Männchen hat eine längere Rückenflosse, das Weibchen einen rot-violetten kugeligen Bauch. Sie können bis zu fünf Jahre alt werden. Gerne fressen sie Trocken-, Frost- und Lebendfutter. Friedliche Salmler sind gut als Gesellschaft geeignet, mit aufdringlichen Fischen sollten sie nicht zusammen gehalten werden. Das Weibchen legt seine Eier auf einen flachen Stein oder eine Sandgrube, wo sie vom Männchen befruchtet werden. Die Eltern bewachen die Eier und führen ihre Brut nach dem Schlupf gemeinsam. Wenn Du Nachwuchs haben möchtest, solltest Du die Schmetterlingsbuntbarsche allein im Aquarium halten.

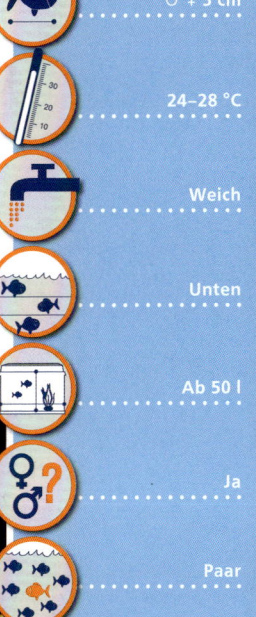

Südamerika

♂♀ 5 cm

24–28 °C

Weich

Unten

Ab 50 l

Ja

Paar

☺

Fotos: H. Hristov

Kakaduzwergbuntbarsch
Apistogramma cacatuoides

Foto: Pisces

Der Kakaduzwergbuntbarsch hält sich gern zwischen kleinen Blätterhaufen, Holz und Steinen auf. Sie bieten ihm Schutz und so fühlt er sich am wohlsten. Klein bleibende Pflanzen werden auch gerne als Versteck und Rückzugsmöglichkeit genutzt. Am besten eignet sich für diesen Buntbarsch ein Aquarium nur mit seiner Art, damit er Ruhe hat. Für jedes Weibchen sollten zwei Höhlen oder Verstecke eingesetzt werden.

Gern nimmt er Frostfutter und Lebendfutter zu sich, aber auch mit Flockenfutter kannst Du ihn ernähren.

Mein Tipp

Buntbarsche gibt es in großer Auswahl, viele davon werden aber sehr groß. Die hier beschriebenen Arten eignen sich aber alle für 60er- und 80er-Aquarien. Am besten leben sie auch ohne andere Arten zusammen.

Peru

♂ 9 cm, ♀ 6 cm

23–28 °C
(Warmwasser)

Weich

Unten

Ab 60 l

Ja

♀♂ oder ♂♀♀
oder ♂♀♀♀

Foto: B. Kahl

Purpurprachtbarsch, Königscichlide

Pelvicachromis pulcher

Am besten kaufst Du ein Pärchen, das schon zusammengefunden hat, der Händler ist Dir sicher dabei behilflich. Sind die Weibchen in Ablaichstimmung, dann zeigen sie einen besonders schön rot gefärbten Bauch, den sie dem Männchen ihrer Wahl entgegenstrecken. Die Tiere pflegen ihren Nachwuchs gemeinsam und das Männchen verteidigt das Revier gegen andere Fische. So kann es sein, dass eine Gruppe Salmler plötzlich nur noch in einer Ecke des Aquariums zusammengedrängt schwimmt, während der Purpurprachtbarsch-Mann alles dafür tut, um sie in Schach zu halten. Nach dem Schlupf werden die Jungen von den Eltern in kleinen, in Kies oder Sand gegrabenen Kuhlen gepflegt und gelegentlich in eine neue umgebettet. Die Kleinen sind nicht schwer großzuziehen, so fressen sie wie ihre Eltern Flockenfutter (zu Staub verrieben), nehmen später aber auch gerne Frostfutter an. Niedrige Pflanzen und Versteckmöglichkeiten sind wichtig.

Fotos: H. Hieronimus

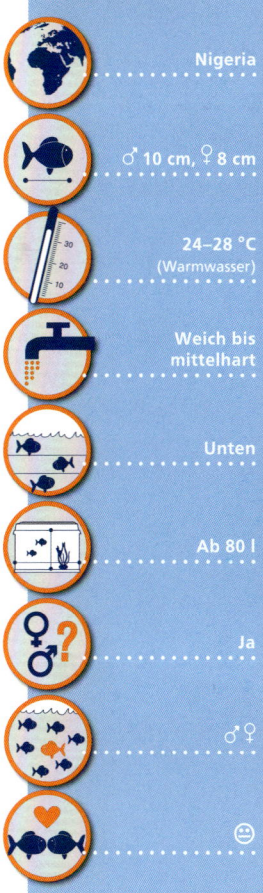

Nigeria

♂ 10 cm, ♀ 8 cm

24–28 °C
(Warmwasser)

Weich bis mittelhart

Unten

Ab 80 l

Ja

♂♀

☺

Schneckenbuntbarsch
Lamprologus ocellatus

Fotos: B. Kahl

Das Aquarium des Schneckenbuntbarsches muss einen Sandboden haben, in dem er graben und buddeln kann. Außerdem musst Du ihm leere Schneckenhäuser (z.B. von Weinbergschnecken) in das Aquarium legen. Jede Familie bezieht solch ein Haus, das auch verteidigt wird. Schneckenbuntbarsche graben sich bei Gefahr in den Sandboden ein, also Vorsicht bei den Arbeiten im Aquarium, leicht passiert es, dass Du einen Dekostein auf den Fisch stellst.

Du kannst das Aquarium auch schön bepflanzen, denn die Barsche knabbern nicht daran herum. Sie graben allenfalls gelegentlich eine Pflanze aus. Füttern solltest Du Lebendfutter oder Frostfutter, das wird am liebsten gefressen.

Tanganjikasee (Afrika)

♂ 3,5 cm ♀ 5 cm

25–27 °C (Warmwasser)

Hart

Unten

Ab 60 l

Ja

♂♀

Bunter Prachtkärpfling
Aphyosemion australe

Fotos: H. Hristov

Das Männchen ist im Vergleich zum Weibchen sehr farbenfroh, du solltest immer mehr Weibchen als Männchen im dicht bepflanzten Becken haben. Außerdem muss es abgedeckt sein, da sie gelegentlich aus dem Wasser schnellen. Sie mögen es eher dunkel und bevorzugen es, sich unter Schwimmpflanzen zu tummeln. Der Kap Lopez, wie er auch genannt wird, kann bis zu drei Jahre alt werden. Gerne fressen sie Mückenlarven, auch gefroren. Lebendfutter, *Artemia* und normales Flockenfutter sind nicht zu empfehlen, sie werden nur ungern gefressen. Ich würde Prachtkärpflinge allein in einem Becken pflegen, in dem sich gerne noch Schnecken und Zwerggarnelen (die auch als Snack dienen) tummeln dürfen.

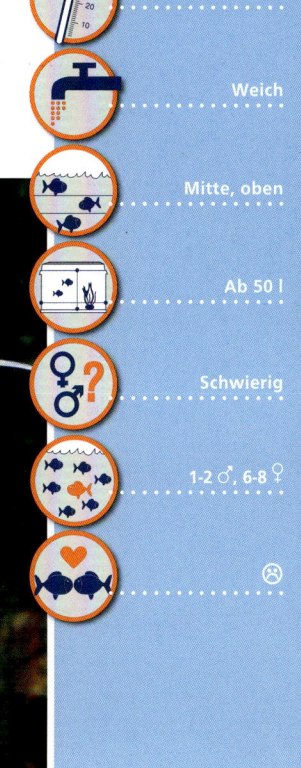

Westafrika/Gabun

6 cm

21–24 °C

Weich

Mitte, oben

Ab 50 l

Schwierig

1-2 ♂, 6-8 ♀

Die Zuchtform "Gold" ist besonders prachtvoll.

33

Guppy
Poecilia reticulata

Fotos: C. Lukhaup

Südamerika

♂ 3 cm, ♀ 5 cm

18–25 °C
(Zimmertemperatur)

Weich bis
mittelhart

Mitte, oben

Ab 60 l

Ja

Guppys werden schon seit 100 Jahren im Aquarium gepflegt und es gibt die unterschiedlichsten Farben und Formen.

Die Weibchen gebären lebende Jungtiere, die sogleich umherschwimmen und futtern. Ob Flockenfutter oder Frostfutter, sie nehmen alles gerne an. Die Weibchen sind neben den prächtig ausgefärbten Männern meist etwas unscheinbarer. Ein Männchen und zwei bis drei Weibchen sind der passende Besatz. Um Jungtiere sicher großzuziehen, musst Du sie in ein Extrabecken setzen.

Mein Tipp

Bei den Fischen, die lebende Jungtiere zur Welt bringen, kann es sein, dass Du nach vier bis acht Wochen schon viele Fische in Deinem Aquarium hast. Das ist toll für Dich, aber Du wirst Dir Abnehmer suchen müssen, sonst wird es zu eng im Becken.

Platy

Xiphophorus maculatus

Fotos: C. Lukhaup

Die rote und orangefarbene Zuchtform der Platys kommt am häufigsten vor. Auch Platys gehören zu
den Fischen, die lebende Babys zur
Welt bringen. Wenn Dein Wasser
nicht zu weich ist, vermehren sie
sich auch recht gut. Sie kommen
mit Zimmertemperatur zurecht und
Du kannst sie gut mit Antennenwelsen oder Metallpanzerwelsen
vergesellschaften. Sie sind zwar etwas dreist, aber wenn Du gute Versteckmöglichkeiten und niedere
Pflanzen einsetzt, haben es die
Welse nicht ganz so schwer.

Die Platys sind Allesfresser. Sie
mögen nicht nur Algen und Flockenfutter, sondern auch Mückenlarven und anderes Frostfutter.

Mittelamerika

♂ 4 cm, ♀ 6 cm

18–26 °C
(Zimmertemperatur)

Mittel bis hart

Mitte, oben

Ab 60 l

Ja

♂♀♀♀

☺

Mein Tipp

Füttere immer nur so viel
Flockenfutter, wie innerhalb
der ersten zwei Minuten
gefressen wird. Keine Flocke
sollte den Bodengrund
erreichen.

Metallpanzerwels

Corydoras aeneus

Fotos: I. Seidel

Metallpanzerwelse sind nicht gerne alleine unterwegs, deshalb sollten sie mindestens fünf bis acht Kollegen haben. Sie scheinen ständig in Bewegung zu sein und durchwühlen dabei den Bodengrund, der am besten aus Sand besteht, damit sie sich nicht ihr empfindliches Maul und die „Barteln" verletzen. Genau wie die Antennenwelse fressen sie alles und sollten mit Futtertabletten und auch Frostfutter gefüttert werden. Im Aquarium können sie bis zu zehn Jahre alt werden. Gerne wühlen sie in aufgebundenen Moosen herum, die Bepflanzung in der Mitte oder oben ist ihnen egal, solange sie am Boden genug Platz zum Schwimmen haben.

Mein Tipp

Die meisten Welse leben nicht gerne in der Gruppe, eine Ausnahme sind die hier vorgestellten Panzerwelse.

Kolumbien, Venezuela, Trinidad

♂♀ 7 cm

18–30 °C
(Zimmertemperatur/ Warmwasser)

Weich bis mittelhart

Unten

Ab 60 l

Ja

Gruppentier (mind. 5)

Pandapanzerwels

Corydoras panda

Foto: C. Lukhaup

Die kleinen Pandapanzerwelse leben gerne in Gruppen und benötigen wie die Metallpanzerwelse Verstecke, in die sie sich zurückziehen können. Der Sandboden ist wichtig und scharfkantige Gegenstände oder Steine dürfen nicht in das Aquarium. Mit aufdringlichen Fischen solltest Du sie nicht zusammen pflegen, da sie sich sonst zurückziehen und kaum noch zeigen. Gut können sie mit Zwerggarnelen, Schnecken und einer kleinen Gruppe Gruppys zusammenleben.

Gelegentlich schnellen Panzerwelse und Antennenwelse nach oben an die Wasseroberfläche. Sie sind dann nicht etwa krank, sondern holen Luft, da sie nicht nur durch ihre Kiemen atmen.

Mein Tipp

Metallpanzerwelse und Pandapanzerwelse untersuchen den Boden nach Nahrung, deshalb sollte der weich sein, damit sie sich nicht verletzen.

Füttere Welse nach dem Abschalten des Lichts mit Bodenfuttertabletten und lege ab und zu ein Stück geschälte Gurke, die auf einen Teelöffel aufgespießt wurde, in das Becken.

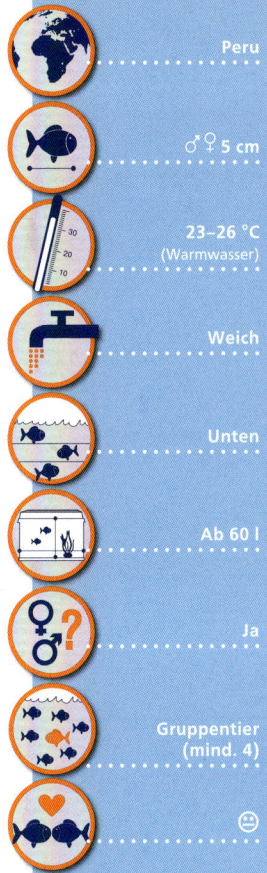

Peru

♂♀ 5 cm

23–26 °C
(Warmwasser)

Weich

Unten

Ab 60 l

Ja

Gruppentier
(mind. 4)

☺

Foto: I. Seidel

Antennenwels
Ancistrus sp.

Südamerika

♂♀ bis 14 cm

18–30 °C
(Zimmertemperatur/
Warmwasser)

Weich bis
mittelhart-hart

Unten

Ab 80 l

Ja

Einzeltier
oder ♂♀

☺

Da das Männchen an seinem Kopf große Auswüchse hat, die wie Antennen aussehen, hat der Wels diesen deutschen Namen bekommen. Die Männchen bilden Reviere, die sie auch verteidigen. Welse werden recht alt und benötigen Platz und Verstecke. Höhlen oder die Unterseite von Wurzeln werden als Versteck und zur Brutpflege genutzt. Das Weibchen legt orangefarbene Eier, die nach der Befruchtung vom Männchen gepflegt und bis zum Schlupf mit Luft befächelt werden.

Diese Welse benötigen Holz als Nahrung, das ist sehr wichtig, da sie ohne die Holzfasern nicht richtig verdauen können. Antennenwelse können gut 15 Jahre alt werden.

Die Bepflanzung ist Welsen nicht so wichtig, wobei es sein kann, dass sie durch ihre ungestüme Art ab und an die noch nicht fest verwurzelten Pflanzen ausreißen oder nicht perfekt festgebundene Moose von ihrer Unterlage entfernen. Gemüse und Futtertabletten werden gerne gefressen.

Fotos: I. Seidel

Foto: H. Hieronimus

Zwerggarnelen ...

Bei den Garnelen ist immer was los! In der Natur leben sie zwischen Steinen und Laub. Im Aquarium klettern sie aber gern auf Pflanzen oder suchen im Moos nach Futter. Der Boden sollte aus Sand oder Kies mit Steinen, Holz und Blättern bestehen.

Foto: C. Lukhaup

Kristallrote Bienengarnele
Caridina logemanni

Hongkong (China)

♂ 1,9 cm ♀ 2,3 cm

16–29 °C
(Zimmertemperatur)

Weich bis mittel

Überall

Ab 20 l

Ja

Gruppentier, ab 10

Die Kristallrote Bienengarnele gehört zu den beliebtesten Zwerggarnelen. Es gibt sie inzwischen in den unterschiedlichsten Färbungen, mit mehr oder weniger Rotanteil. Sie mögen stark bewegtes Wasser und suchen in Moosen und auf dem Bodengrund unermüdlich nach Nahrung. Du solltest sie in Gruppen halten, denn sie leben nicht gerne allein. Die befruchteten Weibchen tragen ihre Eier bis zur vollständigen Entwicklung unten am Bauch. Wichtig ist, dass der Filter gegen das Einsaugen von Garnelen und deren Nachwuchs gut gesichert ist. Hierfür kannst Du einen Nylonstrumpf über den Filter ziehen oder ein kleines Stück Filterwatte befestigen. Garnelen mögen Holz und Laub im Aquarium. Sie fressen Trockenfutter, Mückenlarven und unterschiedliches Gemüse.

Fotos: C. Lukhaup

Die Bienengarnele gibt es auch in schwarz-weißer Färbung.

Foto: T. Wünsche

Amanogarnele

Caridina multidentata

Fotos: C. Lukhaup

Als tüchtiger Algenfresser in den Aquarien des weltbekannten japanischen Aquariengestalters Amano wurde diese Garnele berühmt. Deshalb erhielt sie auch seinen Namen. Im Vergleich zu den anderen vorgestellten Zwerggarnelen ist sie recht groß. Leider lässt sie sich im Süßwasseraquarium nicht nachziehen. Die Weibchen entlassen Larven ins Wasser. Diese sterben dann aber ab, weil sie für ihre Entwicklung Salzwasser brauchen. Auch die Amanogarnele liebt Gesellschaft und sollte nicht mit weniger als acht bis zehn Tieren gehalten werden.

Japan

♂♀ bis 3,3 cm

15–30 °C
(Zimmertemperatur)

Mittel bis hart

Überall

Ab 30 l

Nein

Gruppentier,
ab 10

Weißperlengarnele

Neocaridina palmata

Im Zoofachgeschäft oder Aquaristikladen gibt es diese interessante Zwerggarnele zu kaufen. Auch sie verträgt weiches bis hartes Wasser. Inzwischen wird sie nicht nur in Weiß, sondern auch in Blau und Orange angeboten.

Auf einem dunklen Bodengrund sieht sie besonders hübsch aus. Wie alle Zwerggarnelen kann man sie problemlos mit Schnecken in einem Aquarium halten.

Mein Tipp

Garnelen wachsen ihr Leben lang, aber der Hautpanzer wächst nicht mit. Er wird öfter abgestreift. Lass die alte Haut (Exuvie) als Futter im Aquarium liegen.

 China

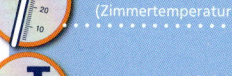 ♂ 2 cm ♀ 2,4 cm

 15–30 °C (Zimmertemperatur)

Weich bis hart

Überall

Ab 20 l

Ja

Gruppentier, ab 10

😊

Fotos: C. Lukhaup

Red-Fire-Garnele
Neocaridina davidi

Fotos: C. Lukhaup

Südostasien

♂♀ 2,5 cm

10–30 °C
(Zimmertemperatur)

Weich bis hart

Überall

Ab 20 l

Ja

Gruppentier, ab 10

Die Red-Fire-Garnele (oder auch Red-Cherry-Garnele) eignet sich für hartes und mittelhartes Wasser, kommt aber auch mit weichem Wasser gut zurecht. Sie ist sehr robust und leicht zu vermehren. Du kannst sie bei Raumtemperatur im Aquarium halten. Die Männchen sind prächtig rot gefärbt. Wenn es ihnen nicht gut geht, dann verblasst die Farbe sehr schnell. Also immer aufmerksam beobachten. Auch bei frisch eingesetzten Garnelen dauert es eine Weile, bis sie ihre Farbpracht zeigen.

Mein Tipp

Getrocknete Blätter von Buchen oder Eichen (gut abwaschen) werden als Nahrung in das Aquarium gelegt. Spezielles Garnelenfutter gibt es im Zooladen. Auch Frostfutter (z.B. Mückenlarven) sollte gefüttert werden. Paprika, Gurken und Zucchini mögen sie besonders gern.

Die Red-Fire-Garnele gibt es in vielen schönen Farben. Aber eine bunte Mischung verschiedener Farben solltest Du besser nicht im Aquarium halten. Die Nachkommen von Garnelen unterschiedlicher Farben verlieren meist die prächtige Farbe.

Hummelgarnele
Caridina cf. breviata

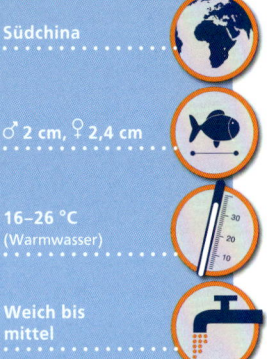

Südchina

♂ 2 cm, ♀ 2,4 cm

16–26 °C
(Warmwasser)

Weich bis
mittel

Überall

Ab 30 l

Ja

Gruppentier,
ab 10

Für die Hummelgarnele sollte Dein Aquarium auch im Sommer nicht über 26 Grad warm werden. Wenn es zu einer Paarung gekommen ist, entlässt das Weibchen nach vier bis sechs Wochen bis zu 30 Jungtiere, die deutlich schwarz-weiß gestreift sind. Im Alter sehen sie eher dunkelbraun und beige aus, was aber kein Fehler ist, das gehört so. Eine sehr friedliche kleine Garnele.

Fotos: C. Lukhaup

Mein Tipp

Garnelen musst Du langsam an Dein Wasser gewöhnen. Am besten lässt Du Dir zwei bis drei Stunden Zeit und füllst mit einer Spritze immer wieder etwas von Deinem Aquarienwasser in den Transportbeutel, der während dieser Zeit im Aquarium hängt. Wenn die Mischung zu 3/4 aus Deinem Aquarienwasser und zu 1/4 aus dem Transportwasser besteht, sauge mit einem Schlauch Wasser ab und fülle erneut Aquarienwasser ein.
Nun nimm Deinen Kescher und hol die Tiere heraus, um sie in das Aquarium zu setzen. **Vorsicht!** Halte Deine Hand über den Kescher, denn Garnelen versuchen sich durch Sprünge aus der unangenehmen Lage zu befreien!

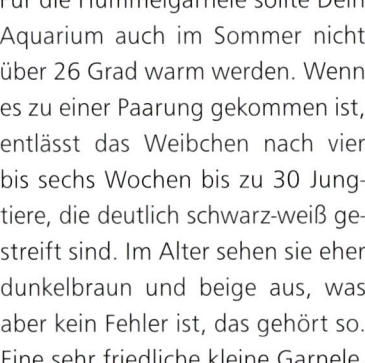

Krebse

Zwergflusskrebse brauchen Versteckmöglichkeiten wie Höhlen und Steinaufbauten. Der Boden kann aus Sand oder Kies bestehen und mit Laub und Holz bedeckt sein. Krebse solltest Du nicht mit Fischen oder Garnelen halten!

Patzcuaro Zwergflusskrebs (siehe Seite 48)

Foto: C. Lukhaup

Patzcuaro Zwergflusskrebs
Cambarellus patzcuarensis

Fotos: C. Lukhaup

Dieser orangefarbene Zwergflusskrebs, auch kurz CPO genannt, kommt ursprünglich aus Mexiko und ist in der Natur hell- bis dunkelbraun. Fürs Aquarium gibt es allerdings diese schön gefärbten Tiere. Wenn Du mehr als ein Tier halten möchtest, sollten mehr Weibchen als Männchen vorhanden sein. Um Kreuzungen mit anderen Krebsen zu vermeiden, solltest Du immer nur eine Art von *Cambarellus*-Krebsen im Aquarium halten.

Wenn Du zu wenige Versteckmöglichkeiten anbietest und mehr Männchen als Weibchen im Aquarium leben, kommt es leicht zu bösen Auseinandersetzungen und Verletzungen.

Mein Tipp

Krebse müssen sich immer wieder häuten, sie werfen ihren alten Hautpanzer ab, weil er zu klein geworden ist. Dann ziehen sie sich einige Zeit zur Erholung zurück. Die leere Hülle kannst Du als Futter liegen lassen.

Mexiko

♂♀ 5 cm

15–25 °C
(Zimmertemperatur)

Mittel bis hart

Unten

Ab 60 l

Ja

Einzeltier oder
♂♀♀ oder ♂♀♀♀

Shufeldts Zwergkrebs
Cambarellus shufeldtii

Shufeldts Zwergkrebs sitzt gerne auf Pflanzen und ist am Tage unterwegs. Er ist sehr anpassungsfähig und kann in unterschiedlich hartem Wasser gehalten werden. Auch dieser Krebs vermehrt sich im Aquarium.

Das Weibchen trägt die befruchteten Eier ca. drei Wochen lang an der Unterseite des „Schwanzes" (Pleon). Sie werden von der Mutter geschützt und gepflegt. So machen das alle hier vorgestellten Krebsarten.

Mein Tipp

Sammle im Herbst Laub von Buchen und Eichen (weit weg von befahrenen Straßen). Die Blätter abwaschen und im Backofen bei 50 °C langsam trocknen (ca. 30 Min.). Die Blätter kannst Du in einer Kiste aufbewahren und immer wieder ins Aquarium geben.

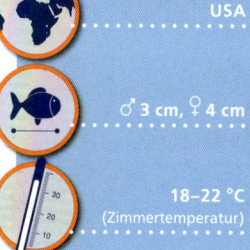

USA

♂ 3 cm, ♀ 4 cm

18–22 °C
(Zimmertemperatur)

Weich bis hart

Unten

Ab 60 l

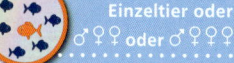

Trägt Jungtiere aus

Einzeltier oder
♂♀♀ oder ♂♀♀♀

☺

Fotos: C. Lukhaup

Foto: klimkin, steinchen, Pixabay

Ninae-Zwergflusskrebs
Cambarellus ninae

Foto: C. Lukhaup

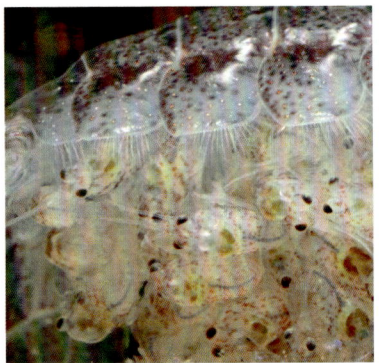

Der *Cambarellus ninae* ist relativ neu auf dem Markt und noch nicht überall erhältlich. Er ist ein kleiner und friedlicher Krebs, der in einem 60er-Becken sehr gut gehalten werden kann. Bei vielen Versteckmöglichkeiten können gut drei Männchen und zehn Weibchen gepflegt werden. Oder aber Du nimmst ein Männchen und drei Weibchen und kannst in Deinem Aquarium Jungtiere großziehen.

Mit Zwerggarnelen und ruhigen Fischen lässt er sich problemlos zusammen halten. Auch weiches Wasser ist kein Problem für ihn.

Arkansas, Texas (USA)

♂♀ 3,5 cm

18–26 °C
(Zimmertemperatur)

Weich bis hart

Unten

Ab 60 l

Ja

Einzeltier oder
♂♀♀ oder ♂♀♀♀

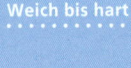

Foto: C. Lukhaup

Schnecken

Viele halten Schnecken für eine Plage. Das stimmt aber nicht: Sie erfüllen wichtige Aufgaben als Müllabfuhr, Wasserreinhalter und Putzkolonne. Und mit ihren abwechslungsreichen Formen, tollen Farben und ihrem interessanten Verhalten sollten sie in keinem Aquarium fehlen!

Blasenschnecke (siehe Seite 55)

Foto: A. Behrendt

Tylomelania polka dot
Tylomelania sp. polka

Diese schöne Schnecke mag gerne Steine und Sand im Aquarium, worauf sie unablässig umherkriechen kann. Sie frisst anfallende Futterreste, muss aber trotzdem auch von Dir gefüttert werden. Gerne mag sie Gurken und Walnusslaub, aber auch Futtertabletten frisst sie in größeren Mengen. Das geschlechtsreife Weibchen bekommt alle vier Wochen ein fast ein Zentimeter großes Junges, das aus einem eiähnlichen, runden Gebilde schlüpft. Männchen und Weibchen kann man äußerlich nicht unterscheiden.

Du kannst sie mit anderen Schnecken, Zwerggarnelen und friedlichen Fischen problemlos zusammen halten. Antennenwelse sind nicht geeignet, da sie an der Schnecke saugen und sie stören.

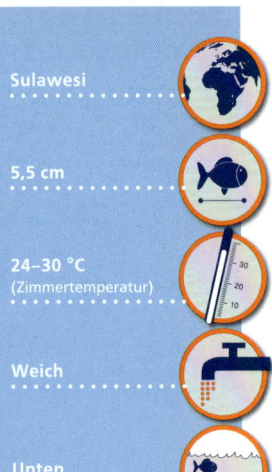

Sulawesi

5,5 cm

24–30 °C
(Zimmertemperatur)

Weich

Unten

ab 50 l

Ja

Gruppentier

Fotos: A. Behrendt

Nadel-Kronenschnecke
Melanoides tuberculatus

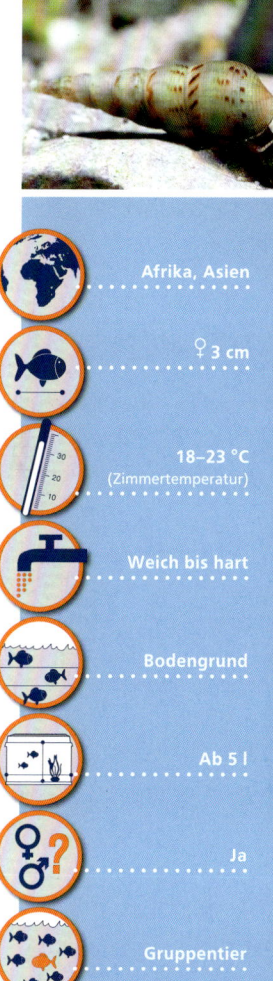

Fotos: C. Lukhaup

Als „normale" Turmdeckelschnecke (auch TDS genannt) ist sie bekannt. Im Aquarium sorgt sie im Bodengrund dafür, dass alles gut läuft und nichts verfault. Hast Du zu viel gefüttert, dann kümmert sie sich gehen sie nicht. Und das ist auch gut so. Sie leben meist im Bodengrund, kommen aber auch gelegentlich hervor, wenn sie nicht von anderen Mitbewohnern gestört werden.

um die Reste, die auf dem Boden liegen oder zwischen Steine fallen. Sie gräbt den Boden durch und sorgt dafür, dass keine Faulstellen entstehen. Die Schnecken sind Weibchen und schon eine Schnecke reicht, um eine ganze Gruppe zu gründen. Denn das Weibchen kann sich selber „klonen" und braucht kein Männchen, um Nachwuchs zu produzieren. Sie fressen alle Arten von Abfall, nur an ganze Pflanzen

Mein Tipp

Die Nadelkronenschnecke ist wichtig für die Pflege des Bodengrunds. Sie ist ein guter Restfutterverwerter und sollte in keinem Becken fehlen. Auch Posthornschnecken und Blasenschnecken fressen Algen und Abfälle.

Diese Schnecke kannst Du gut mit allen hier vorgestellten Fischen, Garnelen und Krebsen zusammen halten.

Afrika, Asien

♀ 3 cm

18–23 °C
(Zimmertemperatur)

Weich bis hart

Bodengrund

Ab 5 l

Ja

Gruppentier

☺

53

Posthornschnecke

Helisoma anceps

Foto: C. Lukhaup

Ausländische Posthornschnecken gibt es im Handel meist in Rot und Braun zu kaufen. Sie eignen sich gut als Restefresser. Wie alle aufgeführten Schnecken vermehren sie sich stark, wenn sie viel zu fressen finden. Sie mögen lieber ruhiges Wasser und eine dichte Bepflanzung. Vergesellschaften lassen sie sich mit allen im Buch aufgeführten Wassertieren, wobei sie den Krebsen allerdings als willkommene Abwechslung auf dem Speiseplan dienen.

Die einheimische Posthornschnecke wird fast vier Zentimeter groß, mag Temperaturen über 24 Grad nicht gerne und lebt am liebsten mit anderen Schnecken oder Zwerggarnelen zusammen. Sie darf nicht aus der Natur entnommen werden, man kann sie aber kaufen.

Sie vermehren sich, indem sie ovale Eipakete an harte Unterlagen (z.B. Scheiben, Steine oder Blätter) kleben. Aus diesen Eiern entwickeln sich Jungschnecken, die nach ungefähr sieben Tagen schlüpfen. Diese Schnecken sind „Zwitter", das heißt, sie sind zugleich Weibchen und Männchen und können sich sogar selbst befruchten.

Nordamerika

2 cm

18–30 °C
(Zimmertemperatur)

Weich bis hart

Überall

Ab 5 l

Ja

Gruppentier

Foto: A. Behrendt

Blasenschnecke

Physella

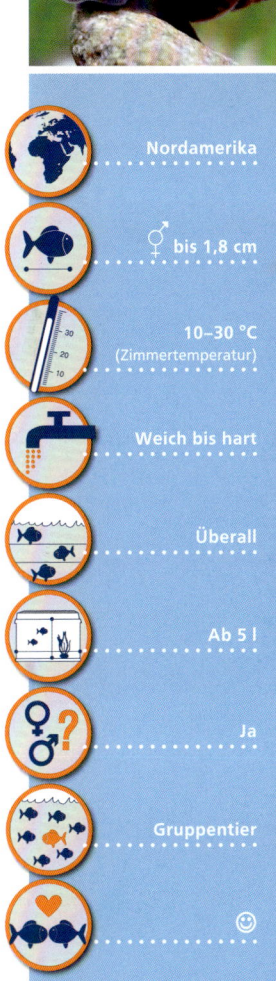

Blasenschnecken gibt es überall auf der Welt. Am häufigsten ist dabei die *Physella* im Aquarium anzutreffen. Sie mag gerne viele Pflanzen, kommt aber auch in anderen Aquarien zurecht, selbst wenn das Wasser stärker strömt. Sie frisst jede Art von Abfall und auch Algen, wobei sie verrottendes Fleisch nicht so gerne mag. Ihre Gelege legt sie auch an harten Untergrund. Sie ist, wie die Posthornschnecke, ein Zwitter und kann sich selbst befruchten. Es reicht also eine Schnecke, um eine Gruppe aufzubauen.

Nordamerika

♀♂ bis 1,8 cm

10–30 °C
(Zimmertemperatur)

Weich bis hart

Überall

Ab 5 l

Ja

Gruppentier

☺

Fotos: C. Lukhaup

Spike

Clithon sp.

Fotos: C. Lukhaup

Als Geweihschnecke oder Spike wird sie bezeichnet und sieht nicht nur gut aus, sondern frisst auch fleißig die harten kleinen grünen Algenbeläge, die sich im Aquarium bilden können. Du kannst sie in weichem, mittlerem und hartem Wasser halten. Es gibt Männchen und Weibchen, allerdings kannst Du sie im Aquarium nicht vermehren, da ihre Larven Meerwasser und die dortige Nahrung brauchen, um heranzuwachsen. Die Weibchen legen kleine weiße Kokons an jede harte Unterlage, die sie finden können. Sind die Algen gefressen, dann frisst sie Futterreste und Gemüse, wobei es besser für sie ist, sie findet immer ein paar Algen, besonders wenn sie frisch bei Dir ins Aquarium kommt. Denn alle Tiere sind Wildfänge, die sich erst an die neue Nahrung (Futtertabletten, Gemüse) gewöhnen müssen. Stellst Du Dein Aquarium so, dass etwas Sonnenlicht darauf fallen kann, dann sollte für genügend Algenwuchs gesorgt sein.

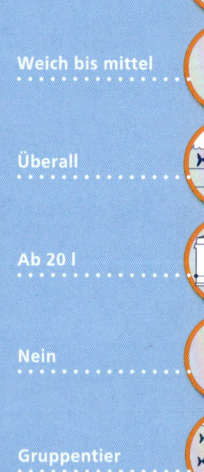

Japan, Indonesien

♂♀ **1,5 cm**

20–30 °C
(Zimmertemperatur)

Weich bis mittel

Überall

Ab 20 l

Nein

Gruppentier

☺

Kleine Sulawesischnecke
Tylomelania sp.

Als Mini-*Tylomelania* oder Super-Yellow-Schnecke wird sie im Handel angeboten. Unter den Kleinen mit den gelblichen Körpern gibt es mindestens drei unterschiedliche Arten. Je nach Art werden die Schnecken bis ca. 3,5 Zentimeter lang und

bis sechs Wochen ein Junges zur Welt, welches nur wenige Millimeter groß ist. Zu einer Plage werden sie also nicht.

Die Mini-*Tylomelania* mag es aber gerne warm. Du solltest ihr Temperaturen zwischen 25 und 30 Grad

Fotos: C. Lukhaup

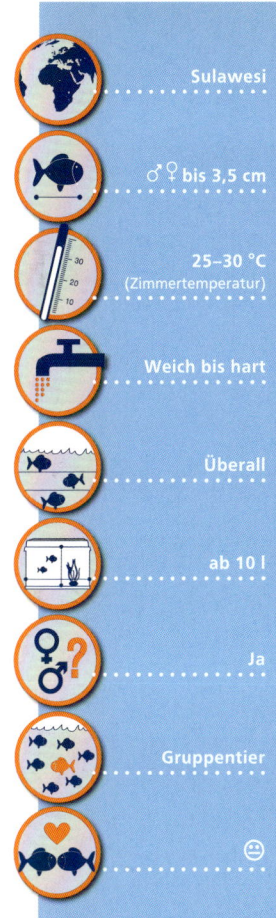

Sulawesi

♂♀ bis 3,5 cm

25–30 °C
(Zimmertemperatur)

Weich bis hart

Überall

ab 10 l

Ja

Gruppentier

haben ein dunkles Haus. Darunter hervor schaut der schöne gelbe Körper. Es sind Männchen und Weibchen, deswegen ist es geschickt, nicht nur eine, sondern mehrere von ihnen anzuschaffen, damit man die Chance hat, Tiere beiderlei Geschlechts zu bekommen. Das befruchtete Weibchen bringt alle vier

gönnen. Darunter ist es ihr einfach zu kalt. Sie wandert dann nicht mehr umher und auch Kinder bekommt sie dann seltener.

An Wasserpflanzen vergreift sie sich nicht, sie frisst alle möglichen Futtertabletten, aber auch Gemüse und die Reste, die sie im Aquarium findet.

Raubschnecke

Clea helena

Foto: C. Lukhaup

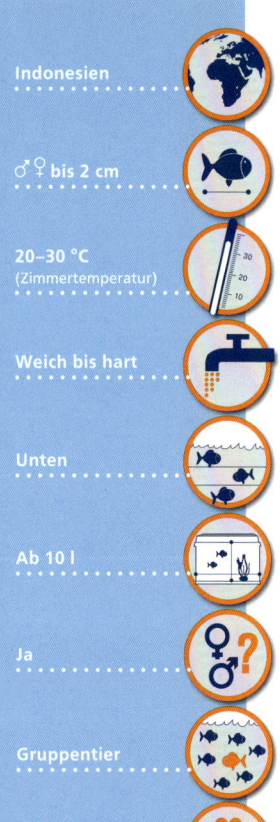

Sie ist eine Schnecke, die andere Schnecken frisst, egal ob groß oder klein, ob mit Deckel oder ohne. Und auch die Gelege anderer Schnecken werden nicht verschont. Findet sie keine anderen Schnecken zum Fressen, nimmt sie auch Frostfutter und geht an Futtertabletten.

Sie passt sich problemlos an jede Wasserhärte an und vermehrt sich leicht. Das befruchtete Weibchen verklebt seine Eier auf harten Grund. In jedem Gelege findest Du ein oder zwei weiße Eier. Diese brauchen bis zu sechs Wochen, bis eine Jungschnecke hervorkriecht.

Mein Tipp

Clea helena frisst gerne Schnecken und deren Laich. Du kannst ihr auch Frostfutter und Futtertabletten mit einem hohen Anteil an tierischem Eiweiß geben.

Foto: A. Behrendt

Pflanzen
fürs Aquarium

Wieso sollen denn überhaupt Pflanzen in das Aquarium? Dafür gibt es viele Gründe:

- Tagsüber, wenn Licht in Dein Aquarium fällt, produzieren sie den für alle Lebewesen lebensnotwendigen Sauerstoff.

- Sie verbrauchen für ihr eigenes Wachstum einen Teil des Nitrats, das sich im Aquarienwasser befindet.

- Sie bieten den Tieren Unterschlupf und Versteckmöglichkeiten.

Im Handel gibt es viele unterschiedliche Wasserpflanzen: große, kleine, welche die sehr viel Licht und Pflege benötigen und andere, die einfach in der Pflege sind. Auf den nächsten Seiten zeige ich Dir Pflanzen mit vier wichtigen Vorteilen:

☺ Einfach in der Haltung und Pflege

☺ preiswert

☺ (meistens) schnell wachsend und

☺ leicht zu vermehren.

Foto: C. Lukhaup

Welche Pflanzen Du auswählen solltest, hängt auch von den Tieren ab, die Du pflegen möchtest. So mögen Garnelen gerne Moose, weil sie dort ihre Nahrung suchen und sich dort verstecken können. Schwimmpflanzen bieten Jungtieren Schutz und auch Nahrung. Manche Tiere laichen gerne an den Blättern von Pflanzen ab. Krebse klettern zum Häuten gerne an Stängelpflanzen nach oben und kleine Barsche verstecken sich unter den Blättern. Außerdem sehen Pflanzen gut aus und Du kannst allerlei mit ihnen anstellen, um Dein Aquarium schön zu gestalten.

Mein Tipp

Wasserpflanzen musst Du vor dem Einpflanzen im Aquarium in einem durchsichtigen und sauberen Eimer sieben Tage wässern. Das Wasser musst Du täglich erneuern und der Eimer muss im Licht stehen.

Bei den Beschreibungen findest Du nun ein neues Zeichen, das Dir anzeigt, wie groß der Lichtbedarf für diese Pflanze ist.

Mato-Grosso-Tausendblatt

Myriophyllum mattogrossense

Das Mato-Grosso-Tausendblatt wächst sehr schnell und muss deswegen häufig beschnitten werden. Die abgeschnittenen Triebspitzen und Seitentriebe kannst Du einfach wieder in den Bodengrund stecken und wachsen lassen. Sie ist eine leicht zu haltende und beliebte Aquarienpflanze, benötigt wenig Licht und keine spezielle Düngung. Ist in fast jedem Zoogeschäft vorrätig.

Foto: Tropica

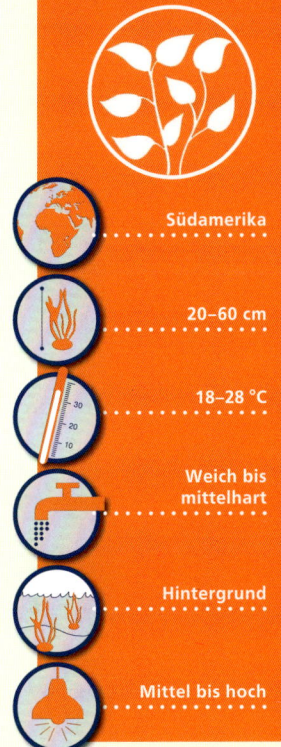

Südamerika

20–60 cm

18–28 °C

Weich bis mittelhart

Hintergrund

Mittel bis hoch

Windeløv-Javafarn

Microsorum pteropus ,Windelov'

Foto: Tropica

Den einfach zu haltenden und langsam wachsenden Farn kann man mit einem Bindfaden auf Stein oder Holz vorsichtig aufbinden (daher der Name: Aufsitzerpflanze), dort wächst er dann mit seinen Wurzeln fest. Die Blattspitzen teilen sich gabelförmig und enden in einem Büschel von vielen Zipfeln. Die Pflanze bildet dicht über dem Boden wachsende Sprossen (Rhizom), die geteilt und wieder neu aufgebunden werden können.

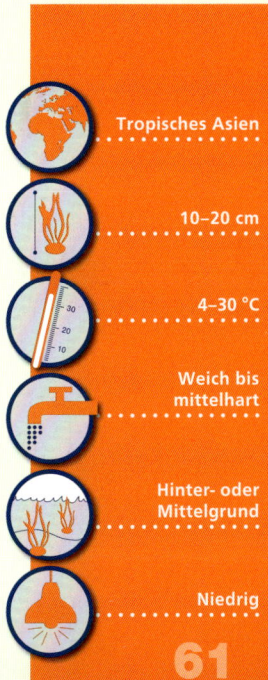

Tropisches Asien

10–20 cm

4–30 °C

Weich bis mittelhart

Hinter- oder Mittelgrund

Niedrig

Flutendes Pfeilkraut
Sagittaria subulata

USA/Südamerika

10 cm oder mehr

4–30 °C

Weich bis hart

Mittel- oder Hintergrund

Niedrig

Setzt Du die Pflanzen sehr dicht nebeneinander, können sie bis zu 60 cm hoch werden. Lässt Du ihnen mehr Platz, werden sie etwa 10 cm hoch. Bei sehr guter Beleuchtung werden die Blätter an den Spitzen rötlich. Sie vermehrt sich durch Ausläufer und kann einen dichten Teppich bilden. In der Natur bilden sich regelrechte Wiesen aus.

Foto: Tropica

Speerblätter
Anubias angustifolia und *A. gracilis*

Westafrika

30 cm oder höher

12–30 °C

Weich bis mittelhart

Mittelgrund

Mittel

Fotos: Tropica

Das Schmalblättrige Speerblatt wächst eher langsam. Du kannst es entweder auf Holz und Stein aufbinden oder aber in den Bodengrund pflanzen. Hat die Pflanze ausreichend Platz, können ihre Blätter bis zu 30 cm lang werden. Verwandt ist auch das anspruchslose Efeublättrige Speerblatt, das allerdings entgegen seinem wissenschaftlichen Namen nicht klein und grazil ist, sondern bis zu 50 cm hoch werden kann. Wächst sowohl unter als auch über Wasser. Beide Pflanzen sind für ein Aquarium mit Barschen geeignet.

Schwarze Amazonas-Schwertpflanze

Echinodorus grisebachii ‚Parviflorus'

Die Schwertpflanze passt gut in Dein Fisch-Gesellschaftsaquarium. Sie kann bis zu 15 cm breit werden, also setze die Pflanzen nicht zu eng nebeneinander. Als Einzelpflanze kannst Du sie auch in ein kleines Aquarium pflanzen. Solche hartblättrigen Pflanzen musst Du besonders gründlich, Blatt für Blatt abwaschen und wässern, um Gifte zu entfernen. In Dein Schnecken- oder Garnelenaquarium setzt Du sie besser nicht.

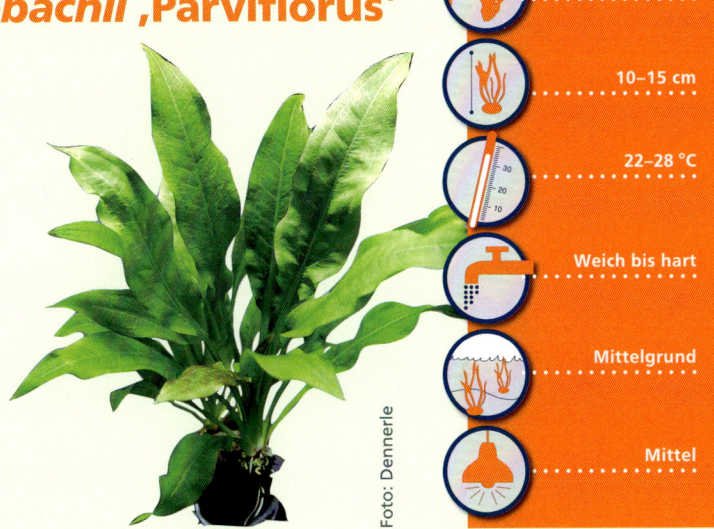

Foto: Dennerle

Südamerika

10–15 cm

22–28 °C

Weich bis hart

Mittelgrund

Mittel

Wasserkelche

Cryptocoryne wendtii und *C. petchii*

Beide Wasserkelche sind einfach zu pflegen. Ihre Blattfarbe kann zwischen dunkelgrün und braungrün variieren, wobei beim Petchs Wasserkelch die schöne rötliche Blattunterseite und die leicht gewellten Ränder auffallen. Sie wachsen eher langsam. Wird die Gruppe zu groß, kannst Du die neuen Triebe einfach entfernen und an einer anderen Stelle im Aquarium einpflanzen. Viele Fische mögen sie wegen der guten Versteckmöglichkeiten.

Fotos: Tropica

Sri Lanka

15–25 cm

15–30 °C

Weich bis hart

Mittelgrund

Niedrig

Kriechende Staurogyne

Staurogyne repens

Südamerika

Unterschiedlich

20–30 °C

Weich bis hart

Mittel- oder Hintergrund

Niedrig

Die kriechende Staurogyne vermehrt sich einmal mit ihren kriechenden Ausläufern (Rhizom), bildet aber auch hochwachsende Stängel aus. Möchtest Du, dass sie niedrig bleibt, musst Du sie immer wieder auf vier bis fünf Zentimeter kürzen. Die Pflanzen werden meist über Wasser gezogen, deswegen sehen die neuen Blätter im Aquarium anders aus. Sie haben weniger Haare und werden nicht mehr bräunlich, sondern grün. Sehr gut kannst Du sie wie einen Teppich wachsen lassen oder aber zwischen Steine setzen.

Foto: Tropica

Bucephalandra

Bucephalandra ‚Wavy Green'

Borneo

10 cm

22–28 °C

Weich bis mittelhart

Vordergrund

Niedrig

Foto: Tropica

Eine anspruchslose Anfängerpflanze, die Du sehr gut auf Stein oder Holz aufbinden kannst. Sie wächst kriechend und bildet im Lauf der Zeit einen schönen dunkelgrünen Teppich über dem Bodengrund. Sie eignet sich auch für Aquarien mit starker Strömung, denn in der Natur kommt sie in schnell fließenden Gewässern vor. Sie bildet sowohl unter als auch über Wasser Blütenstände aus. Die Ausläufer kannst Du teilen und an anderer Stelle einpflanzen.

Spiky-Moos

Taxiphyllum sp. ‚Spiky-Moss'

Das Spiky-Moos wächst relativ schnell. Du kannst es sehr gut auf Holz oder Stein binden. Ab und an sollte man es wieder in Form schneiden, damit es im Aquarium nicht zu sehr wuchert. Gerne fressen die Garnelen Futterreste aus dem Moos. Auf einem schönen Holz aufgebunden, macht es richtig was her im Aquarium. Im Zoohandel findest Du auch spezielles Baumwollgarn, das sich besonders gut zum Aufbinden eignet.

Foto: Tropica

Asien

3–5 cm

18–29 °C

Weich bis mittelhart

Vorder- oder Mittelgrund

Mittel

Mooskugel

Cladophora aegagrophila

Die Mooskugel ist eigentlich kein Moos, sondern eine Alge. Es gibt sie in unterschiedlich großen Kugeln zu kaufen. Sie benötigt wenig Licht und Du musst sie nur alle drei Wochen herausnehmen und unter lauwarmem Wasser auswaschen, denn in ihr sammeln sich schädliche Stoffe an. Deshalb sollten Mooskugeln vor dem Einsetzen auch länger als andere Pflanzen gewässert und mehrfach ausgespült werden. Du kannst sie in kleinen Gruppen oder als einzelne Kugel einsetzen.

Foto: Tropica

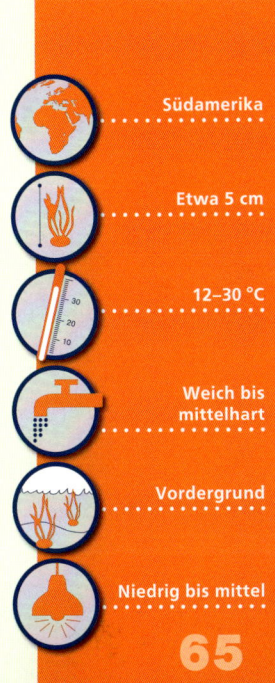

Südamerika

Etwa 5 cm

12–30 °C

Weich bis mittelhart

Vordergrund

Niedrig bis mittel

65

So bindet man Moos auf

Du brauchst:
Gewässertes Wurzelholz
Baumwollgarn
Schere
Pinzette

❶ Gewässertes Wurzel-
holz, Baumwollgarn,
Schere und Pinzette
bereitlegen.

❷ Mit der Pinzette Moospolster in
kleinere Stücke zupfen und auf die
Wurzel legen.

❸ Moos mit dem Daumen fest-
halten und mit dem Baumwollgarn
auf die Wurzel binden.

❹ Fadenenden verkno-
ten und fertige Wurzel
ins Wasser stellen.

66

Das aufgebundene Moos ist nach ein paar Wochen zu einem dichten Polster gewachsen.

Foto: C. Engelbogen

Technik & Co

Wenn Du ein „Komplett-Set" kaufst, dann hast Du eigentlich bereits alle technischen Geräte, die Du für ein Süßwasseraquarium benötigst. Überprüfe zuerst, ob die hier aufgelisteten Geräte bei Deinem Aquarium vorhanden sind:

Filter

Zu einem Set gehört meist ein Innenfilter. Der wird entweder mit Saugnäpfen innen an der Scheibe festgemacht oder in eine Halterung eingehängt. In dem Filter ist eine Pumpe, die das Wasser durch Ritzen ansaugt und durch den Filter leitet. Darin befindet sich das Filtermaterial, auf dem die fürs Auge nicht sichtbaren Bakterien sitzen.

Diese Bakterien sind gut fürs Aquarium und extrem wichtig! Sie leben von den Abfallstoffen, die im Wasser schwimmen. Das sind zum Beispiel Tierkot oder die Überreste vom Futter. Grober Dreck (z.B. abgestorbene Pflanzenteile) dürfen nicht in den Filter und werden gar nicht erst durch das Filtergitter gelassen. Sie können dort abgesammelt und entsorgt werden.

Die Filterbakterien machen den Abfall unschädlich und verwandeln ihn vor allen Dingen in Nitrat. (das ist auf S. 16 bis 18 genau erklärt) Dieses Nitrat wird teilweise von den Pflanzen zum Wachstum benötigt und den Rest entfernst Du durch den Teilwasserwechsel (siehe Seite 80).

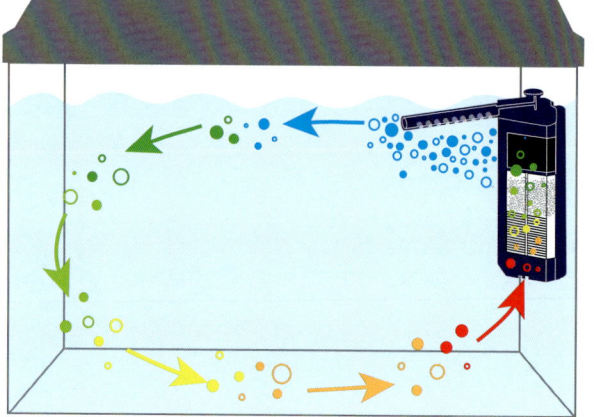

Kreislauf der Filterung

Das Wasser wird durch die Einsaugschlitze in den Filter gesaugt und nach oben transportiert. Auf dem Weg durch den Filter wird es von den Bakterien gereinigt.

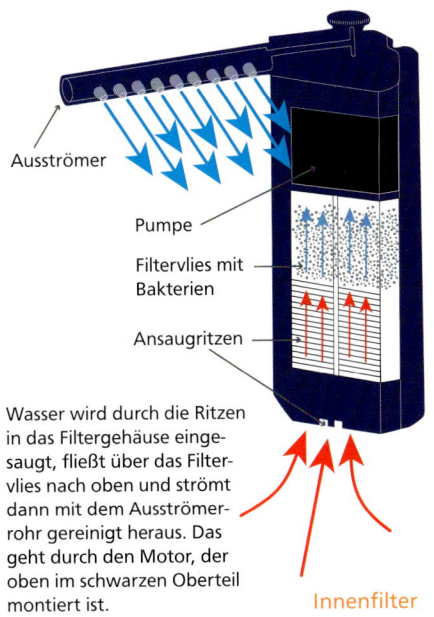

Ausströmer

Pumpe

Filtervlies mit
Bakterien

Ansaugritzen

Wasser wird durch die Ritzen
in das Filtergehäuse einge-
saugt, fließt über das Filtervlies nach oben und strömt
dann mit dem Ausströmer-
rohr gereinigt heraus. Das
geht durch den Motor, der
oben im schwarzen Oberteil
montiert ist.

Innenfilter

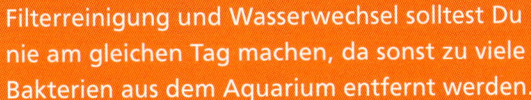

Mein Tipp

Filterreinigung und Wasserwechsel solltest Du
nie am gleichen Tag machen, da sonst zu viele
Bakterien aus dem Aquarium entfernt werden.

Foto: JBL

Filtermatte

Gelegentlich muss der Filter gereinigt werden. Spätestens, wenn
nicht mehr viel Wasser oben he-
rausströmt oder das Wasser trübe
wird. Zuerst aber immer den Stecker aus der Steckdose ziehen.
Dann den Filter abnehmen und in
einen sauberen 10-Liter-Eimer stellen.

Nun nimmst Du das Filtermaterial heraus, lässt am Wasserhahn

handwarmes Wasser darüber laufen und quetschst die Matte vorsichtig mit der Hand aus. Die Matte soll nicht „sauber" werden. Nur
so viel Bakterienschleim entfernen,
dass danach das Wasser wieder
gut durch die Filtermatte strömen
kann. Der Einsatz wird wieder in
das Filtergehäuse zurückgesteckt,
der Filter geschlossen und an seinen Platz zurückgesetzt. Erst, wenn
er völlig getaucht und voll mit
Wasser ist, darfst Du ihn wieder
an die Steckdose anschließen. Es
kann sein, dass er etwas blubbert
bis die Luft voll entwichen ist und
braunes Wasser aus dem Filter
kommt, das ist aber völlig normal.
Der Ausströmer des Filters sollte

Der Aquarien-Eimer darf **nur** für die Arbeiten
am Aquarium benutzt werden. Niemals darf
er mit Reinigungsmitteln in Berührung kommen. Es besteht sonst Vergiftungsgefahr
für Deine Tiere!

Mein
Aquarien-
Eimer

Foto: © B. Reitz-Hofmann, Fotolia

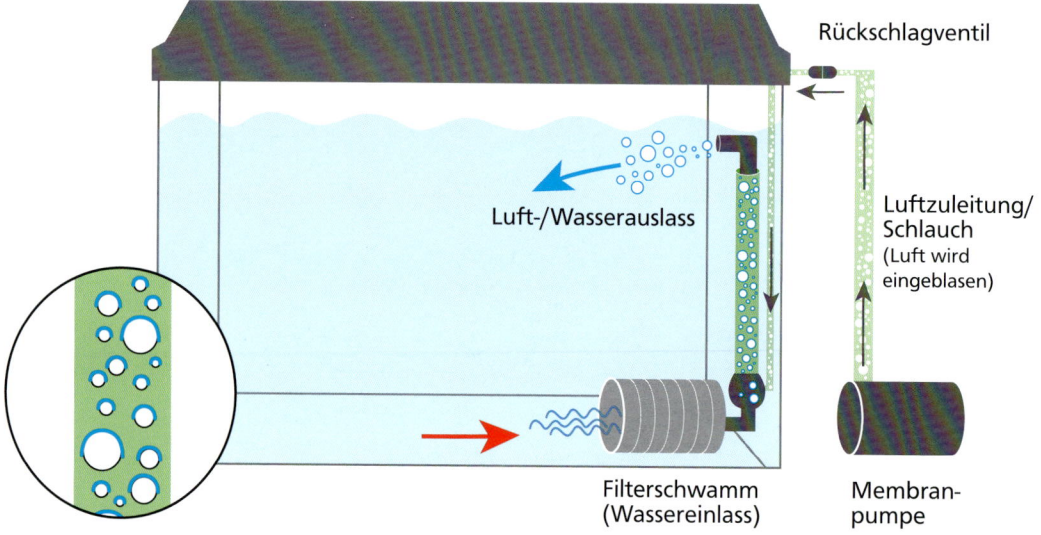

Rückschlagventil

Luft-/Wasserauslass

Luftzuleitung/
Schlauch
(Luft wird
eingeblasen)

Filterschwamm
(Wassereinlass)

Membran-
pumpe

so gestellt sein, dass die Oberfläche des Wassers leicht bewegt wird. Durch die Bewegung des Wassers kommt Sauerstoff aus der Luft ins Aquarienwasser. Und den brauchen Deine Tiere unbedingt.

Ein Standard-Innenfilter ist praktisch und eignet sich gut für ein Fisch-Gesellschaftsaquarium.

Möchtest Du Fische, Welse, Garnelen und Krebse nachzüchten, dann solltest Du einen anderen Filter wählen. Die Jungtiere sind sehr klein und es besteht die Gefahr, dass sie vom Innenfilter angesaugt werden und dann im Filter verenden. Eine einfache und günstige Lösung ist der luftbetriebene Innenfilter (Luftheber). Bei diesem Filter wird unten in das Aquarium Luft eingeblasen und nimmt beim Aufsteigen (Luft steigt im Wasser immer nach oben) Wasser mit sich. So einen Filter gibt es im Fachhandel in verschiedenen Größen. Den Filter kannst Du sehr einfach reinigen. Du musst nur den Filterschwamm vorsichtig auswaschen und wieder anstecken.

Luftheber

Foto: C. Lukhaup

Fotos: Eheim

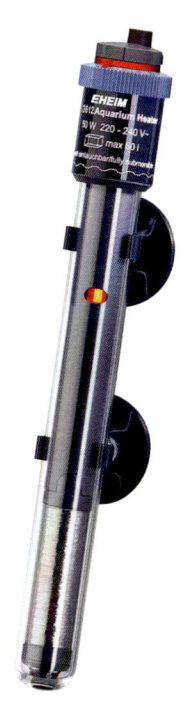

Stabheizer

Beleuchtung

Bei Komplett-Set-Aquarien sind Neonröhren oder LED-Leisten eingebaut. Diese reichen aus, um die hier beschriebenen Pflanzen wachsen zu lassen. Es gibt Pflanzen, die viel Licht brauchen, und welche, denen weniger Licht genügt. Pflanzen brauchen Licht, damit sie wachsen und Sauerstoff herstellen können. Der Sauerstoff wird dann von Deinen Tieren benötigt.

Neonröhren sollten nach einem Jahr ausgewechselt werden, da die Lichtleistung mit der Zeit nachlässt. Das Licht sollte zwölf Stunden am Tag eingeschaltet sein.

Heizung

Bei allen Tieren mit dem Hinweis „Warmwasser" brauchst Du auf jeden Fall einen Regelheizer, damit die richtige Wassertemperatur auch bei einer schwankenden Zimmertemperatur immer gesichert ist. Die Temperatur kannst Du am Stabheizer einstellen und der im Gerät vorhandene Thermostat regelt alles Weitere. Die Temperatur aber zusätzlich auch immer mit dem Aquarienthermometer prüfen.

Mein Tipp

Mit einer Zeitschaltuhr kannst Du das Licht automatisch an- und ausschalten lassen. Stelle die Uhr auf die gewünschte Zeit ein, wann das Licht angehen soll. Zähle zwölf Stunden hinzu und richte ein, wann es wieder ausgehen soll. Nun stecke den Lichtstecker in die Zeitschaltuhr und diese dann in die Steckdose.

Zubehör

Schere

Eine rostfreie Schere, die Du auch nur im Aquarium benutzt. Diese brauchst Du, um die Pflanzen zu beschneiden.

Eimer und Schlauch

Für Wasserwechsel und Filterreinigung brauchst Du einen neuen 10-Liter-Eimer und einen ca. 1,5 m langen durchsichtigen Aquarienschlauch. Diesen Eimer benutzt du nur für Dein Aquarium! Also am besten beschriften, damit andere Familienmitglieder auch Bescheid wissen.

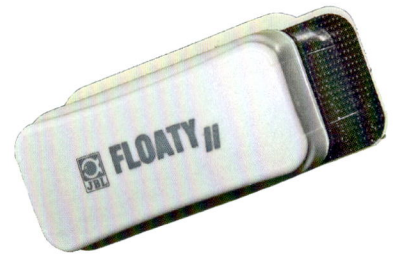

Scheibenreiniger

Meist übernehmen Schnecken die Reinigung der Aquarienscheiben, aber manchmal musst Du leider auch nachhelfen. Im Zoofachgeschäft gibt es dafür viele verschiedene Scheibenreiniger. Niemals Putzmittel etc. verwenden.

Mulmglocke

Damit kann man prima Dreck und Futterreste, die nicht gefressen wurden, vom Boden absaugen. Anfangs tut es aber auch der Schlauch.

Kescher

Der Kescher ist ein Fangnetz an einem längeren Stiel. Damit kannst

Mein Aquarien-Eimer

Foto: C. Lukhaup

Du Deine Tiere einsetzen oder auch wieder aus dem Aquarium entnehmen. Die Größe des Keschers sollte an die Tiere angepasst sein. Sonst ist es nachher schwierig, sie damit einzufangen.

Hintergrundbild

Vielleicht möchtest Du auf der Rückwand des Aquariums ein passendes Hintergrundbild haben. Die gibt es im Handel in ganz unterschiedlichen Ausführungen. Die Bilder werden von außen an das Becken geklebt. Natürlich kannst du auch ein eigenes Hintergrundbild malen. Das gibt Deinem Aquarium eine persönliche Note.

Unterschrank

Im Fachhandel kann man passende Aquarien-Unterschränke kaufen. Für ein 60er- oder 80er-Aquarium genügt aber auch ein stabiler Tisch oder Schrank.

Foto: Back to nature

Foto: A. Behrendt

Foto: © dima_pics, Fotolia

Eingerichtet und startklar

Standort

Überlege gut, wo Dein Aquarium aufgestellt werden soll, denn wenn es erst einmal eingerichtet und mit Wasser gefüllt ist, lässt sich der Standort nicht mehr so leicht verändern. Folgende Überlegungen sind wichtig:

- Nicht zu sonnig (das Wasser wird sonst im Sommer zu heiß).

- Stabiler Schrank oder Tisch (Dein Aquarium wiegt später zwischen 80 und 120 kg).
- Steckdose in der Nähe (ca. drei Anschlüsse).
- Keine wasserempfindlichen Teppiche oder Tapeten in der Nähe.
- Die Abdeckung muss sich problemlos öffnen lassen und auch sonst muss genug Platz für Dich sein, damit Du im Aquarium arbeiten kannst.

Aufstellen

Unter das neue Aquarium solltest Du eine Aquarienmatte legen. Oder du nimmst eine passende Styroporplatte und legst sie unter das Becken. Der Glasboden und die Matte müssen sauber sein, bevor das Aquarium auf die Matte gestellt wird, und die Matte darf nicht kleiner als der Boden des Aquariums sein.

Foto: Eheim

Checkliste

Für die Einrichtung benötigst Du folgende Sachen:

- Aquariensand oder Aquarienkies
- Bodendünger
- Wurzeln
- Steine
- Dekorationsgegenstände
- Pflanzen
- Laub
- Wassertest

Bodendünger

Für anspruchsvollere Pflanzen ist das Einbringen eines Bodendüngers notwendig. Vor allem, wenn Du keine Turmdeckelschnecken im Aquarium hast. Der Dünger wird zuerst in das Becken geschüttet und glattgestrichen. Darauf kommt dann der Bodengrund.

Der Dünger hält, je nachdem wie oft Du das Wasser wechselst, längere Zeit. Nähere Angaben stehen auf der Verpackung. Danach lässt Du ihn einfach drin und düngst mit einem speziellen Flüssigdünger oder Düngekugeln.

Foto: Söll

75

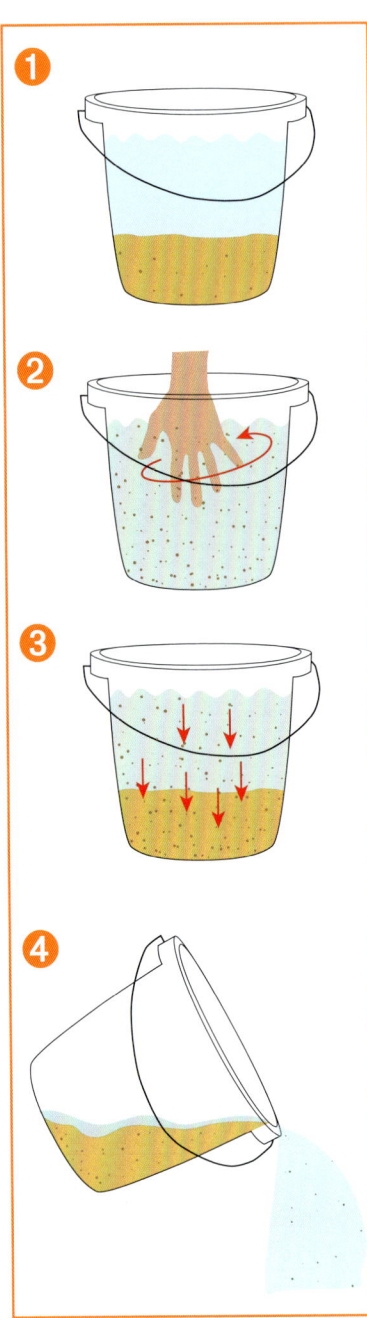

❶ Eimer mit Wasser und Sand füllen.

❷ Inhalt mit der Hand mehrfach umrühren.

❸ Sand absinken lassen.

❹ Schmutzwasser vorsichtig abgießen.

Bodengrund

Für den Bodengrund nimmst Du Sand oder Kies. Für ein 60er-Aquarium ca. 17 bis 20 kg und für ein 80er-Aquarium ca. 23 bis 28 kg. Spezialsand oder Kies für Aquarien bekommst Du im Zoofachgeschäft in Plastiksäcken. Zuerst aber muss dieser Bodengrund gründlich gereinigt werden: Damit kein Kies oder Sand in den Abfluss kommt, nimmst Du Deinen Eimer, den Du vorher mit klarem Wasser ausgewaschen hast, und befüllst ihn zwei Handbreit hoch mit Sand. Unter den Eimer legst Du ein altes Handtuch, damit die Badewanne – in die Du den Eimer gestellt hast – nicht zerkratzt. Du füllst Wasser auf und wäschst den Sand durch. Mit den Händen rührst Du ihn immer wieder herum und schüttest danach das schmutzige Wasser vorsichtig ab. Diesen Vorgang wiederholst Du so lange, bis das Wasser klar ist und keine Schmutzteilchen mehr aufweist. Ist der Sand gereinigt, schüttest Du diese erste Portion vorsichtig in Dein Aquarium. Das wiederholst Du nun mit Deinem ganzen Sand. Das dauert eine Weile, aber du musst es sorgfältig tun, damit alle Schmutzteilchen herausgewaschen werden.

Nun kommt der Bodengrund ins Becken. Verteile ihn mit der Hand und forme ruhig eine kleine Landschaft. Zur Rückwand hin sollte der Sand leicht ansteigen.

Foto: C. Lukhaup

Foto: F. Bitter

Foto: O. Knott

Wurzeln

Nimm nur Wurzeln aus dem Fachgeschäft, damit Du sicher sein kannst, dass keine schädlichen Stoffe in Dein Aquarienwasser abgegeben werden. Wurzeln sollten mindestens eine Woche gewässert werden, damit sie sich vollsaugen und im Aquarium nicht oben schwimmen. Du kannst die Wurzel natürlich auch bepflanzen (siehe Seite 66). Dann wird sie in das Becken gestellt, sie muss fest stehen und darf nicht wackeln.

Steine

Auch bei Steinen ist Vorsicht geboten, weil sie das Wasser verändern können. Also auch hier im Laden kaufen und beraten lassen. Ungefährlich sind selbstgesammelte Sandsteine und glatte Kieselsteine. Mit Steinen kannst Du auch Höhlen und Verstecke für die zukünftigen Bewohner bauen. Sie dürfen aber nicht scharfkantig oder wackelig sein!

Fotos: Trixie

Dekorationen

Dekorationsgegenstände müssen aquarientauglich sein. Beliebt sind Schleich-Figuren im Aquarium, aber der Hersteller rät von der Verwendung ab, da sie nicht auf die Aquarientauglichkeit geprüft sind. Es gibt aber viele andere Figuren und Gegenstände im Zoofachgeschäft. Vorsichtshalber aber immer erst ein paar Tage wässern und beobachten, ob Du Veränderungen siehst (Farbe löst sich, Material wird weich). Garnelen, Krebse und Schnecken sind besonders empfindlich. Sobald die Tiere sich anders verhalten oder Du bereits tote Tiere siehst, musst Du die Deko entfernen und das Wasser komplett wechseln.

Foto: Hans, Pixabay

Wasser marsch!

Wenn alle festen Gegenstände im Aquarium stehen, kannst Du das Wasser einlassen. An eine geeignete Stelle legst Du nun einen umgedrehten Unterteller, der vorher unter fließendem Wasser (ohne Spülmittel) gereinigt wurde. Mit einer Gießkanne füllst Du dann langsam Wasser auf den Teller im Aquarium. Dadurch wird der Sand nicht aufgewirbelt. Ist das Aquarium bis zur Hälfte gefüllt, entfernst Du den Teller.

Mein Tipp

Dekorationsgegenstände sollten zur Vorsicht mindestens zwei Wochen gewässert werden!

Foto: Trixie

Foto: aquamax

Laub

Auch Laub bietet schöne Versteckmöglichkeiten und ist gut für die
Tiere. Du kannst Buchen- oder Ei-
chenlaub sowie Seemandelbaumblätter verwenden. Laub kannst
Du im Herbst sammeln (siehe Seite
49). Seemandelbaumblätter gibt
es im Zoofachgeschäft.

Seemandelbaum-
blätter

Pflanzen

Jetzt geht es an die Pflanzen, die
Du gekauft und vorher schon
gründlich gewässert hast. Topf,
Holzwolle oder Ähnliches hast Du
bereits vor dem Wässern entfernt
und die Wurzeln gekürzt. Die Stängelpflanzen, die in einem Bündel
sind, ziehst Du vorsichtig auseinan-
der, bis Du die einzelnen Stängel
vor Dir hast. Die meisten sehen gut
in Gruppen aus.

Pflanze nun, wie in den Beschreibungen empfohlen, die höher wachsenden Pflanzen nach hinten. Niedrig wachsende kommen
nach vorn und in den mittleren
Bereich des Aquariums. Während
Du die Pflanzen vorsichtig einsetzt,
wirbelt natürlich Sand auf und das
Wasser wird etwas trübe. Der
Sand setzt sich auch auf den Einrichtungsgegenständen und Pflanzen ab, aber das kannst Du erst
einmal so lassen.

Fotos: Dennerle

79

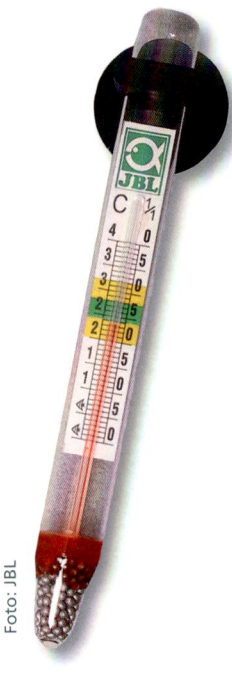

Foto: JBL

Endspurt

Wenn nun alles eingerichtet ist, füllst Du mit der Gießkanne noch etwas Wasser nach. Mach es aber nicht ganz voll, denn jetzt kommen ja noch der Filter und der Heizstab hinein. Vorher lies Dir die Anleitung durch und bestücke ihn mit dem Filtermaterial. Den Filter bringst Du mit den Saugnäpfen an der Glaswand an oder steckst ihn in die vorgefertigte Halterung. Danach befestigst Du den Heizstab. Achte darauf, wie weit der Heizstab im Wasser sein darf. Ein Thermometer bringst Du auch noch an, damit Du immer nachschauen kannst, ob die Temperatur im Becken stimmt. Das Wasser, mit dem Du das Aquarium auffüllst, hat am besten schon die richtige Temperatur. Dann muss der Heizer nicht das viele kalte Wasser aufheizen.

Das Aquarium kann jetzt ganz mit Wasser befüllt werden. Nun steht es da, Dein Aquarium, wahrscheinlich ist es noch etwas trübe, aber das verschwindet bald. Trockne erst einmal die Flächen rund ums Aquarium und auch Deine Hände. Dann kannst Du die elektrischen Geräte in die Steckdose stecken und starten.

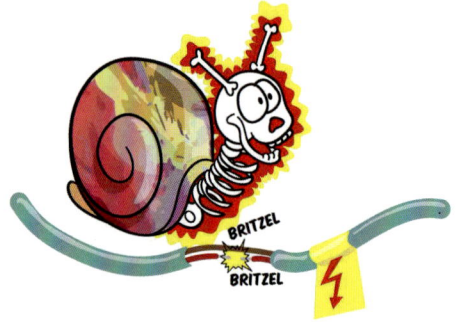

Achtung: Strom und Wasser sind eine gefährliche Kombination. Stecker immer ziehen, wenn Du im Aquarium arbeitest. Vor dem Einstecken immer Hände und Flächen gut trocknen!

Fotos: Söll

Die entscheidende Phase

Jetzt beginnt eine sehr wichtige Zeit: die sogenannte Einlaufphase. Nun hat das Aquarium rund vier Wochen Zeit, sich auf die zukünftigen Bewohner vorzubereiten. Mit speziellen Startbakterien bist du auf der sicheren Seite. Du musst dann aber täglich zwei oder drei Futterflocken ins Aquarium tun, damit die Bakterien auch etwas zu fressen haben.

Perfekt einrichten in 6 Schritten

❶ Gewaschenen Sand oder Kies einfüllen und glatt streichen.

❷ Mit den Händen eine Landschaft formen. Zur Rückseite sollte es etwas ansteigen.

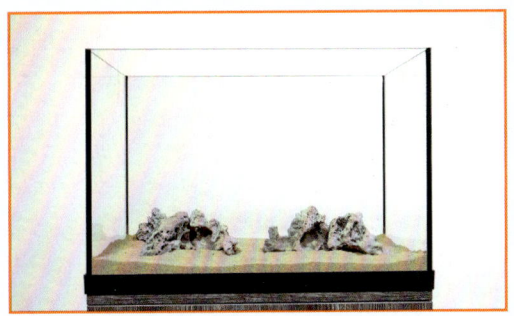

❸ Steine sind wichtig als Höhlen und Verstecke für Deine Tiere.

❹ Wurzeln und Dekoration standfest einbauen.

❺ Höher wachsende Pflanzen nach hinten pflanzen. Niedrige nach vorne.

❻ Jetzt ganz vorsichtig Wasser einfüllen. Danach Licht, Filter und Heizer anbringen.

Wächst es?

Du hast jetzt drei bis vier Wochen Zeit, Dein Aquarium zu beobachten. Wachsen die Pflanzen? Verlieren sie Blätter? Am Anfang ist es gut möglich, dass die ein oder andere Pflanze schlapp macht und nicht richtig wachsen will. Vielleicht wirft sie sogar alle Blätter ab, weil Licht und Wasser ganz anders sind, als sie es gewohnt ist. Das macht aber nichts. Sammle die Blätter ein und warte ab. Es ist auch möglich, dass sich Deine Moose oder festgebundenen Pflanzen lösen. Dann befestige sie erneut, vielleicht diesmal den Faden etwas öfter herumschlingen und mit einem guten Knoten zubinden.

Wasserkontrolle

Jetzt benötigst Du die schon erwähnten Wassertests. Diese gibt es als Tröpfchentests zu kaufen. Du brauchst je einen Test für Nitrit, Nitrat, pH-Wert und für die Wasserhärte. In den nächsten drei Wochen bist Du damit beschäftigt, täglich den Nitritwert zu überprüfen und zu notieren. Nitrit ist ein giftiger Stoff, der von Bakterien in Nitrat umgewandelt wird. Dies kann aber erst geschehen, wenn sich diese Bakterien auch entwickelt haben. Einmal misst Du den Nitratwert und schreibst ihn Dir auf. Zum Ver-gleich brauchst Du diesen Wert in zwei bis drei Wochen.

Du kannst die notwendigen Bakterien auch kaufen und in den Filter leeren oder Du streust jeden Tag ein bisschen Flockenfutter in das Aquarium, auch wenn keine Tiere darin sind. Die Bakterien bilden sich dann auch.

Benutze den Kalender für die „Einlaufphase" und trage an jedem Tag den Nitritwert ein. Dieser müsste langsam ansteigen.

Wasserwechsel

In den ersten drei Tagen machst Du nichts weiter am Aquarium. Am vierten Tag schaltest Du alle elektrischen Geräte aus.

Für den Wasserwechsel nimmst Du einen 1,5 Meter langen möglichst transparenten Schlauch (damit Du das Wasser sehen kannst) von 12 bis 16 mm Durchmesser und füllst ihn voll Wasser, sodass beide Enden auf gleicher Höhe sind und der Schlauch voll mit Wasser ist. Beide Enden verschließt Du jetzt mit den Daumen, hältst ein Ende ins Aquarium und das andere in einen Eimer unterhalb des Aquariums. Dann lässt Du beide Daumen los und schon fließt das Wasser vom Aquarium in den Eimer. In der Zeichnung kannst Du das genau sehen.

 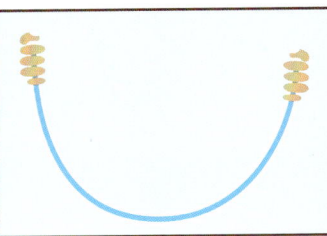 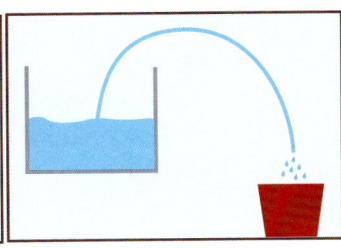

Insgesamt solltest Du 30 % des Wassers entnehmen. Das sind bei einem 60er-Aquarium ungefähr 15 Liter, bei einem 80er-Aquarium ungefähr 30 Liter. Du füllst das Wasser nun mit einer Gießkanne oder dem Eimer vorsichtig wieder auf. Das Wasser sollte so warm sein wie das Wasser im Aquarium. Sobald Deine Hände trocken sind, werden die elektrischen Geräte wieder angeschlossen. Diesen Teilwasserwechsel wiederholst Du noch zweimal, also alle vier Tage. Vierter Tag, achter Tag und zwölfter Tag.

In dieser Zeit misst Du weiterhin den Nitritwert. Nach zwei Wochen müssten sich die Pflanzen erholt haben und manche Arten auch schon etwas gewachsen sein. Sobald der Nitritwert nicht mehr messbar ist, wird der Nitratwert zum zweiten Mal gemessen. Ist er gestiegen und kein Nitrit mehr zu finden, dann sollte alles laufen. Nach dem 16. Tag misst Du erneut Nitrit und Nitrat und um sicherzugehen nochmals nach 21 Tagen.

Schau mal genau hin!

Es kann sein, dass Du Dir Schnecken mit den Pflanzen in das Aquarium geholt hast. Häufig sind es Blasenschnecken (siehe Seite 55) oder Turmdeckelschnecken (siehe Seite 53). Schnecken sind in jedem Fall eine Bereicherung für Dein Aquarium und helfen Dir sogar bei der Arbeit. Vielleicht siehst Du aber auch kleine dünne Würmchen an den Scheiben. Das ist nicht weiter schlimm. Die meisten Würmchen, die Du findest, werden später von Deinen Fischen oder Krebsen gefressen.

Die Spannung steigt

Es ist kein Nitrit mehr im Wasser nachweisbar und Dein Nitratwert ist gestiegen? Super! Jetzt läuft Dein Aquarium! Du kannst jetzt losziehen und Dir die Tiere besorgen, für die Du das Becken eingerichtet hast.

Die Tiere ziehen ein

Augen auf beim Kauf!

Ob es Fische, Krebse, Garnelen oder Schnecken sind, es gibt einige Dinge, auf die Du im Geschäft achten musst:

Fische

- Es sollten keine toten Fische im Becken liegen.
- Die Tiere sollten nicht blass sein und aktiv herumschwimmen.
- Fische dürfen keine weißlichen Beläge oder Pünktchen aufweisen.
- Die Flossen dürfen nicht angefressen aussehen.

Krebse

- Kauf keine Krebse, die sich frisch gehäutet haben.
- Die Krebse sollten nicht blass sein.
- Geht es einem Krebs nicht gut, klappt er seinen Schwanz nach unten ein.

Foto: © highwaystarz, Fotolia

Garnelen

- Fitte Garnelen bewegen sich flink durchs Becken.
- Am Körper dürfen keine schwarzen oder braunen Flecken sichtbar sein.

Foto: © JackF, Fotolia

- Die Farbe der Garnele muss kräftig sein.
- Die Augen dürfen keinen grauen Schleier haben.

Schnecken

- Schnecken müssen aktiv unterwegs sein, nicht herumliegen.
- Das Schneckhaus darf nicht beschädigt sein.
- Aus einem Becken mit vielen leeren Gehäusen solltest Du keine Schnecken kaufen.
- Aus einem Becken, in dem Goldfische und Barsche zusammen mit großen Schnecken gehalten werden, solltest Du keine Schnecken kaufen, da diese oft verletzt sind.

Richtiges Eingewöhnen

Die wichtigste Regel für alle Tiere: Lass ihnen Zeit, sich an Dein Wasser zu gewöhnen. Meist werden die Tiere in ganz anderem Wasser gehalten als in Deinem Aquarium. Kippst Du die Tiere einfach ins Aquarium, dann kann sie das schon umbringen.

1. Beim Kauf werden Deine Tiere in einen mit Wasser gefüllten Beutel verpackt. Bring sie zügig nach Hause!
2. Zu Hause angekommen, lässt Du mit dem Schlauch etwas Wasser aus Deinem Aquarium, damit der Beutel hineinpasst und nichts überschwappt.
3. Den Beutel außen mit lauwarmem Wasser abspülen.
4. Lege den Beutel ca. 30 Minuten in das Aquarium. Dann hat sich die Temperatur im Beutel ungefähr angepasst.
5. Jetzt wird das Gummi entfernt und der Beutel mit zwei Wäscheklammern am Aquarienrand befestigt.
6. Notiere die Uhrzeit.
7. Mit einem kleinen (ohne Spülmittel) ausgespülten Glas (300 ml) nimmst Du Wasser aus dem Aquarium, bis es halb voll ist (150 ml) und schüttest es vorsichtig in den Beutel. Das machst Du innerhalb der ersten Stunde dreimal. Also alle 20 Minuten.
8. 20 Minuten nach dem letzten Umschütten nimmst Du Wasser aus dem Beutel heraus und leerst es in den Ausguss.
9. Dann füllst Du wieder alle 20 Minuten je ein halbes Glas Aquarienwasser in den Beutel.
10. Nun sind zwei Stunden vergangen. Das ist die Mindestzeit, die Du den Tieren geben solltest, um sich an Dein Wasser zu gewöhnen. Je mehr Zeit, desto besser!

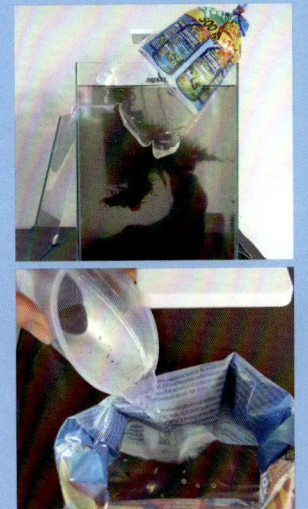

Fotos: T. Benneker

Nach der Eingewöhnung nimmst Du Deinen Kescher, fängst die Tiere aus dem Beutel und setzt sie behutsam ins Aquarium. Das Wasser aus dem Beutel entleerst du in den Abfluss. Alles wird abgetrocknet zur Seite gelegt, die Abdeckung des Aquariums geschlossen und nun geht's ans Beobachten.

Krebse und Garnelen werden sich erst einmal verkriechen. Es kann sein, dass Du sie ein oder zwei Tage kaum siehst. Die Fische werden, falls sie Transport und Eingewöhnung gut überstanden haben, gleich umherschwimmen. Antennenwelse und kleine Barsche werden sich aber auch erst einmal verstecken.

Was kommt jetzt?

Nein, Du wirst sie nicht füttern! Frisch eingesetzte Tiere werden am ersten Tag noch nicht gefüttert. Ich weiß, nichts würdest Du jetzt lieber tun, als sie mit Flockenfutter zu locken. Warte aber lieber bis morgen. Beobachte sie und schau, ob alle gesund aussehen. Es gibt nichts Spannenderes, als Neuankömmlinge zu beobachten.

Füttern macht Spaß!

Für alle Aquarientiere gibt es im Zoofachgeschäft unterschiedliches Futter: Futterflocken, Tabletten, Staubfutter, Sticks, gefrorenes Futter (Mückenlarven), *Artemia*-Krebse und vieles andere mehr. Das Füttern der Tiere macht natürlich besonderen Spaß. Aber oft wird zu viel gefüttert und es treten dadurch große Probleme auf. Deshalb hier ein paar gute Tipps für eine Fütterung, die abwechslungsreich ist, aber nie zu reichlich sein sollte.

Flockenfutter

Nur so wenig davon ins Aquarium geben, wie Deine Fische innerhalb der ersten zwei Minuten fressen. Es darf keine Flocke auf dem Boden unten ankommen, dann machst du es richtig.

Gefrorenes Futter

Für gefrorenes Futter brauchst Du ein kleines Sieb. Aus dem Blister nimmst Du einen Würfel – damit es nicht zu viel ist, am besten mit einem Messer nochmals teilen – und legst ihn in das Sieb. Jetzt lass Wasser darüber laufen, bis die Masse nicht mehr gefroren ist. Du lässt das Sieb abtropfen und schwenkst es in Deinem Aquarium aus.

Gemüse

Welse, Garnelen, Krebse und Schnecken (gelegentlich auch Salmler) fressen gerne Grünzeug. Du kannst Zucchini, Gurke, Paprika und getrocknete Brennnesseln verwenden. Auch anderes Gemüse wie Kürbis, gekochte Kartoffelstücke, Brokkoli und vieles mehr wird gefressen.

Das Gemüse sollte nicht gespritzt sein. Zur Sicherheit schnei-

Foto: C. Lukhaup

de aber die Schale weg. Beschwere das Gemüse unter Wasser mit einem Teelöffel oder Stein, damit es nicht nach oben schwimmt. Schon bald wirst Du die ersten Tiere daran beobachten können. Du solltest nur so viel Gemüse in das Becken legen, wie innerhalb von sechs Stunden gefressen wird. Danach werden die Reste entfernt.

Lebendfutter

Es gibt auch die Möglichkeit, Lebendfutter zu füttern, das Du im Zoogeschäft kaufen kannst.

Schnecken – Der Krebs frisst gerne Wasserschnecken. Diese kannst Du in Dein Aquarium einsetzen, dort vermehren sie sich und Deine Krebse haben immer Nachschub an frischem Futter. Reicht ihnen das nicht, kannst Du Schnecken auch in einem kleinen Extrabecken züchten.

Mückenlarven und Wasserflöhe – Einige Fische lieben diese Zusatznahrung. Man kann sie im Zoofachgeschäft kaufen. Aber es ist auch möglich, diese selber zu züchten, wenn Deine Eltern das erlauben: Du

brauchst einen Garten, ein Regenfass oder einen großen Kübel. Der Behälter muss mit Regenwasser oder Wasser gefüllt sein. Dann legst Du ca. zehn getrocknete Brennnesseln hinein. Nach ein paar Tagen riecht das ziemlich stark. Sobald das Wasser nicht mehr „duftet", legst Du wieder Brennnesseln nach. Dann tut sich etwas: Auf dem Was-

Schnecken beim Fressen.

Mein Tipp

Füttere immer nur so viel Flockenfutter, wie innerhalb der ersten zwei Minuten gefressen wird. Keine Flocke sollte den Bodengrund erreichen.

Foto: Kaz_cucumber, Pixabay

Foto: Congerdesign, Pixabay

ser ist ein schimmernder Film und vielleicht siehst Du schon die ersten zuckenden Mückenlarven an der Oberfläche. Diese nimmst Du mit einem Kescher heraus und nun kannst Du sie verfüttern.

Mein Tipp

Mückenlarven nur in einem großen Garten und keines- falls auf dem Balkon oder in der Nähe des Hauses züch- ten. Es stinkt und fertig entwickelte Mücken stechen.

In Dein Brennnessel-Fass kannst Du auch Wasserflöhe tun. Die be- kommst Du als Lebendfutter beim Händler. Sobald Du die schwarzen Mückenlarven ordentlich abgefischt hast, vermehren sich die Flöhe stär- ker. So hast Du schon zwei Sorten Lebendfutter selbst gemacht.

Artemia – Das sind winzig kleine Salzkrebse, die Du zum Schlüpfen bringen und dann verfüttern kannst. Im Zoofachgeschäft gibt es *Artemia*-Eier zu kaufen. Du musst Dich nur genau an die Beschreibung auf der Packung halten, und schon nach we- nigen Tagen hast Du ein neues Le- bendfutter für Deine Tiere gezüchtet.

Die richtige Pflege fürs Aquarium

Natürlich muss ein Aquarium auch von innen geputzt und gereinigt werden. Da gibt es zwei Möglichkeiten. Entweder Du fummelst ständig in Deinem Aquarium herum, saugst mit einer Mulmglocke den Dreck vom Boden ab, schabst die Scheiben von kleinen harten Algen frei oder Du lässt Deine Tiere in ihrem Heim in Ruhe und regelst das anders.

Möchtest Du diese lästigen und störenden Arbeiten vermeiden, musst Du Dir Schnecken ins Aquarium setzen. Die Arbeiten am und im Bodengrund verrichten Turmdeckelschnecken (z.B. *Melanoides tuberculatus*). Sie durchpflügen den Grund, bringen Sauerstoff in den Boden und düngen ihn mit ihren Ausscheidungen. Außerdem fressen sie anfallende Reste, die sonst auf dem Boden liegen und unschön aussehen.

Abgestorbene Pflanzenteile werden sehr gerne von Posthorn- und Blasenschnecken gefressen, natürlich auch von den Turmdeckelschne-

Bei der richtigen Pflege des Aquariums sind nur wenige Dinge zu beachten:

1. Tägliche Fütterung und Beobachtung der Tiere.
2. Wöchentlicher Teilwasserwechsel, der nicht verschoben werden soll.
3. Zu groß gewordene Pflanzen nachschneiden und manchmal neue Stecklinge in den Boden setzen.
4. Filterreinigung (siehe Seite 68).
5. Kontrolle der Wasserwerte.

cken, sofern sie aus dem Boden kommen.

Die grünen Hartalgen, die auf den Scheiben und den Einrichtungsgegenständen sitzen, werden von ein paar Spike-Schnecken vertilgt. Ein kleiner Trupp von drei bis fünf Schnecken erledigt die Arbeit ohne Probleme. So einfach kann das sein. Und falls das nicht reicht, nimmst Du einen Scheibenmagnet.

Was machst Du im Urlaub?

Gehst Du für eine Woche in den Urlaub, dann machst Du vorher einen Wasserwechsel und schaust, dass der Wasserstand nicht zu niedrig ist. Lege die täglichen Futterportionen zurecht und bitte ein Familienmitglied, einen Nachbarn oder Freund, die tägliche Fütterung zu übernehmen. Du kannst Dir für diese Zeit auch einen Futterautomaten aufstellen. Der wird mit Flockenfutter oder Granulat befüllt, an die Steckdose angeschlossen oder mit Batterien bestückt. Zur angegebenen Tageszeit entleert er dann das gefüllte Abteil.

Futterautomat

Ist Dein Urlaub länger als eine Woche, benötigst Du auf jeden Fall jemanden, der nach Deinem Aquarium schaut. Die Futterportionen solltest Du vorbereiten. Auf Lebendfutter oder Frostfutter solltest Du in dieser Zeit verzichten. Da ständig Wasser verdunstet, stell eine Gießkanne neben das Aquarium und lass das Wasser einfach nachfüllen. Dies ist die einfachste Möglichkeit für Deine Urlaubsvertretung.

Sobald du nach Hause kommst, misst Du die Werte und machst einen Wasserwechsel (30 %) und gleich drei Tage danach noch einen. Wechsle nur im Notfall mehr als die angegebene Menge.

Foto: © inarik, Fotolia

Foto: stux, Pixabay

Foto: JBL

Meine Tiere sind krank ...

OpenClipart Vector, Pixabay

Auch im Aquarium können Krankheiten auftauchen. Leider ist es oft schwer, diese genau zu bestimmen. Natürlich gibt es im Zoofachgeschäft auch Medikamente, aber niemals solltest Du leichtfertig zur chemischen Keule greifen. Befolge zuerst folgende Regeln:

Wenn etwas nicht in Ordnung scheint, dann prüfe auf jeden Fall alle wichtigen Wasserwerte: Nitrat, pH-Wert, Härte und nach einer Filterreinigung auch Nitrit.

Bei der Lösung Deiner Probleme können Dir sachkundige Aquarianer bestimmt helfen. Das kann Dein Fachhändler sein, aber auch Leute aus einem Aquarienverein oder in den verschiedenen Internetforen. Hab keine falsche Scheu und stell dort Deine Fragen. Aquarianer sind nette Menschen, die sich gegenseitig gerne weiterhelfen.

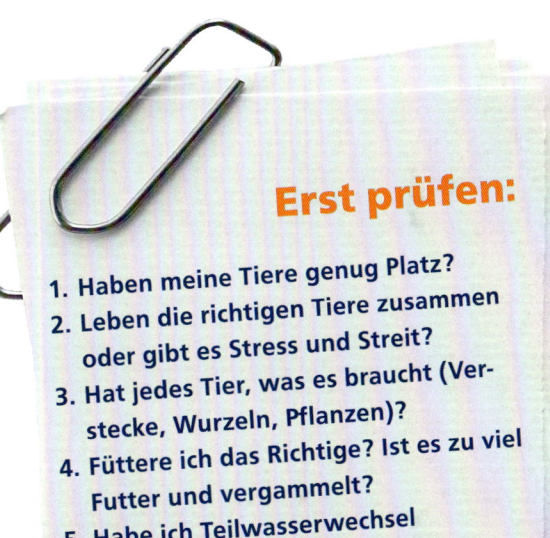

Erst prüfen:

1. Haben meine Tiere genug Platz?
2. Leben die richtigen Tiere zusammen oder gibt es Stress und Streit?
3. Hat jedes Tier, was es braucht (Verstecke, Wurzeln, Pflanzen)?
4. Füttere ich das Richtige? Ist es zu viel Futter und vergammelt?
5. Habe ich Teilwasserwechsel regelmäßig gemacht?
6. Funktioniert der Filter richtig?

Hier ein paar empfehlenswerte Internet-Links:
- Aquaristik allgemein: www.drta-archiv.de
- Aquaristik für Kids: www.my-fish.org/kids
- Wirbellose Tiere im Aquarium: www.wirbellose.de
- Apfelschnecken: www.applesnail.net
- Fische im Aquarium: www.zierfischverzeichnis.de
- Pflanzen im Aquarium: www.flowgrow.de

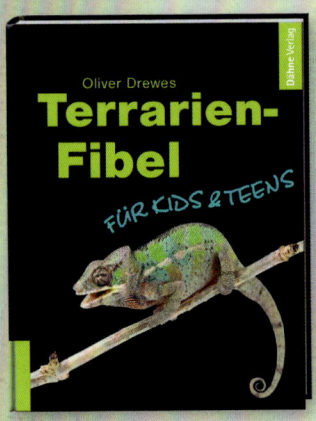

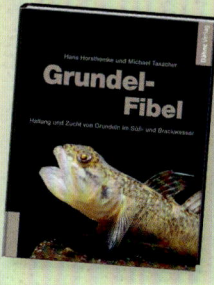

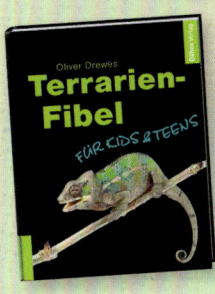
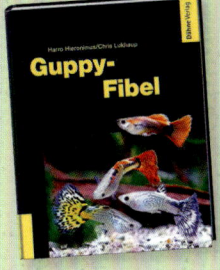

VON NATUR AUS BESSER

Für jeden Fisch das richtige Futter - 100% frische, natürliche Zutaten für ...

Mehr Vitalität

Frische, natürliche Zutaten wie Wildlachs, Hering, Shrimps oder Kelp liefern erstklassige Proteine und essenzielle Omega-3- & Omega-6-Fettsäuren – zur Stärkung des Immunsystems und Unterstützung der Fischgesundheit.

Stärkere Farbenpracht

Die aus nachhaltigem Seafood stammenden Bestandteile versorgen Zierfische ganz natürlich mit Spurenelementen, Pigmentbausteinen und Vitaminen – für vitale Zierfische mit leuchtenden Farben.

Klareres Wasser

Die einzigartige Zubereitung setzt auf die natürliche Bindekapazität der hochwertigen Rohstoffe. Auf zusätzliche Bindemittel, die Wasser und Fisch belasten, wird bei Organix® konsequent verzichtet. Das Wasser trübt nicht und bleibt länger klar.

Für **Organix®** werden nur Meeresprodukte verwertet, die keine Nahrungsgrundlage für den Menschen darstellen.

Das Zierfischfutter aus den reinen Gewässern Alaskas

Organix
SöII
CICHLID FLAKES

Organix
SöII
SUPER COLOUR PELLETS Micro

Organix
SöII
MICRO FLAKES
Für Jung- und Schwarmfische
Pour des poissons juvéniles et de petite taille
Per pesci giovani e gregari

Einzigartige Vielfalt und Natur pur für alle Süß- und Meerwasserfische

Hauptfutter für
eine gesunde
Rundumversorgung

Für die
Extraportion
Nährstoffe

Für Farben
in schönster
Pracht

Der Leckerbissen
aus ganzen
Shrimps

Mehr über Organix® und die Geld-zurück-Garantie unter www.soell-organix.de

Wer passt zu wem?

Spalten-/Zeilenlegende (1–19):
1. Feuertetra
2. Trauermantelsalmler
3. Gabelschwanz-Blauauge
4. Zebrabärbling
5. Kakaduzwergbuntbarsch
6. Schneckenbuntbarsch
7. Guppy
8. Metallpanzerwels
9. Antennenwels
10. Kristallrote Bienengarnele
11. Amanogarnele
12. Red-Fire-Garnele
13. Hummelgarnele
14. Patzcuaro Zwergflusskrebs
15. Ninae-Zwergflusskrebs
16. Tylomelania polka dot
17. Posthornschnecke
18. Spike
19. Raubschnecke

Symbole: 🔴 = Sollten nicht zusammen gehalten werden · 🟡 = Gemeinsame Haltung möglich, aber nicht optimal · 🟢 = Tiere lassen sich gut miteinander halten · ⊗ = Das andere Tier (obere Zeile) wird als Futter angesehen und gefressen

Zeile \ Spalte	1	2	3	4	5	6	7	8	9	10	11	12	13	14	15	16	17	18	19
1 Feuertetra		🔴	🔴	🔴	🟡	🔴	🔴	🟢	🟢	⊗	🟡	⊗	⊗	🔴	🔴	🟢	🟢	🟢	🟢
2 Trauermantelsalmler	🔴		🔴	🔴	🔴	🔴	🔴	🟢	🟢	⊗	🟡	⊗	⊗	🔴	🔴	🟢	🟢	🟢	🟢
3 Gabelschwanz-Blauauge	🔴	🔴		🔴	🔴	🔴	🔴	🟢	🟢	⊗		⊗	⊗	🔴	🔴	🟢	🟢	🟢	🟢
4 Zebrabärbling	🔴	🔴	🔴		🔴	🔴	🔴	🔴	🟢	⊗	⊗	🟡	⊗	🔴	🔴	🟢	🟢	🟢	🟢
5 Kakaduzwergbuntbarsch	🔴	🔴	🔴	🔴		🔴	🔴	🔴	🔴	⊗		⊗	⊗	🔴	🔴	🟢	🟢	🟢	🟢
6 Schneckenbuntbarsch	🔴	🔴	🔴	🔴	🔴		🔴	🔴	🔴	⊗		⊗	⊗	⊗	⊗	⊗	⊗	⊗	⊗
7 Guppy	🔴	🔴	🔴	🔴	🔴	🔴		🔴	🟢	⊗	🔴	⊗	⊗	🔴	🔴	🟢	🟢	🟢	🟢
8 Metallpanzerwels	🟡	🟡	🔴	🔴	🔴	🔴	🔴		🔴	⊗	🟡	⊗	⊗	🟢	🟢	🟢	🟢	🟢	🟢
9 Antennenwels	🟢	🟢	🟢	🔴	🔴	🔴	🟢	🔴		⊗	🟡	⊗	⊗	🟢	🟢	🟢	🟢	🟢	🟢
10 Kristallrote Bienengarnele	🔴	🔴	🔴	🔴	🔴	🔴	🔴	🔴	🔴		⊗	🟡	🔴	🟢	🟢	🟢	🟢	🟢	🟡
11 Amanogarnele	🟡	🟡	🟡	🟡	🟡	🟡	🟡	🟢	🟢	🟢		⊗	🟢	🟢	🟢	🟢	🟢	🟢	🟢
12 Red-Fire-Garnele	🔴	🔴	🔴	🔴	🔴	🔴	🔴	🔴	🔴	🟡	🟢		🟢	🟢	🟢	🟢	🟢	🟢	🟢
13 Hummelgarnele	🔴	🔴	🔴	🔴	🔴	🔴	🔴	🟡	🟡	🟡	🟡	🟡		🔴	🔴	🟢	🟢	🟢	🟢
14 Patzcuaro Zwergflusskrebs	🔴	🔴	🔴	🔴	🔴	🔴	🔴	🔴	🔴	⊗	🔴	⊗	⊗		🔴	⊗	⊗	🟡	⊗
15 Ninae-Zwergflusskrebs	🔴	🔴	🔴	🔴	🔴	🔴	🔴	🔴	🔴	⊗	🔴	⊗	⊗	🔴		⊗	🟡	🟡	⊗
16 Tylomelania polka dot	🟢	🟢	🟢	🟢	🟢	🟢	🟢	🟢	🟢	🟢	🟢	🟢	🟢	🟢	🟢		⊗	🟡	🔴
17 Posthornschnecke	🟢	🟢	🟢	🟢	🟢	🟢	🟢	🟢	🟢	🟢	🟢	🟢	🟢	🟡	🟡	🟢		🟢	🔴
18 Spike	🟢	🟢	🟢	🟢	🔴	🟢	🟢	🟢	🟢	🟢	🟢	🟢	🟢	🟡	🟡	🟢	🟢		⊗
19 Raubschnecke	🟢	🟢	🟢	🟢	🔴	🟢	🟢	🟡	🟡	🟡	🟡	🟡	🟢	🔴	🔴	⊗	⊗	⊗	

🔴 Sollten nicht zusammen gehalten werden!

🟡 Eine gemeinsame Haltung möglich, aber nicht optimal. Also: Besser nicht in einem Aquarium!

🟢 Tiere lassen sich gut miteinander halten.

⊗ Das andere Tier (obere Zeile) wird als Futter angesehen und gefressen.

4-Wochen-Pflegeplan

Tag	Technik kontrollieren	Temperatur kontrollieren	Tiere beobachten, alles oK?	Füttern	Wasserwechsel	Pflanzenteile absammeln
1	X	X	X	X		
2	X	X	X	X		
3	X	X	X	X		
4	X	X	X	X		
5	X	X	X	X		
6	X	X	X	X	X	X
7	X	X	X			
8	X	X	X	X		
9	X	X	X	X		
10	X	X	X	X		
11	X	X	X	X		
12	X	X	X	X		
13	X	X	X	X	X	X
14	X	X	X			
15	X	X	X	X		
16	X	X	X	X		
17	X	X	X	X		
18	X	X	X	X		
19	X	X	X	X		
20	X	X	X	X	X	X
21	X	X	X			
22	X	X	X	X		
23	X	X	X	X		
24	X	X	X	X		
25	X	X	X	X		
26	X	X	X	X		
27	X	X	X	X	X	X
28	X	X	X			
29	X	X	X	X		
30	X	X	X	X		

Wasserwerte überprüfen	Scheiben säubern (innen und außen)	Falls notwendig Mulm absaugen	Filter reinigen
X			
X			
X			
	X		
X			
		X	
			X

täglich

- **Technik kontrollieren**
- **Temperatur kontrollieren**
- **Tiere beobachten, alles ok?**
- **Füttern**

wöchentlich

- **Wasserwechsel**
- **Pflanzenteile absammeln**
- **Wasserwerte überprüfen**

monatlich

- **Säubern der Scheibe innen und außen**
- **Falls notwendig, Mulm absaugen**
- **Falls Filter wenig Wasser durchlässt, Filter leicht reinigen**

Pflegeplan kopieren und abhaken, wenn die angekreuzten Aufgaben erledigt sind!